Interview mit Vywamus

Interview mit Vywamus

Gechannelt von Christine Strübin

Einbandgestaltung: Damir Culjak, Stuttgart | damir.culjak74@gmx.de
Redaktion: Andrea Stangl, Paderborn | lektorat@buchverlag-stangl.de

Druck und Herstellung: innerhalb der EU
1. Auflage 1992 | 2. Auflage 2004 | 3. Auflage 2012

ISBN 978-3-00-038450-9

© Blaubeerwald Verlag, D-92439 Altenschwand
Tel: +49 9434 3029, Fax: +49 9434 2354
info@blaubeerwald.de
www.blaubeerwald.de

Alle Rechte vorbehalten. Kein Teil dieses Buches darf ohne ausdrückliche Genehmigung der Autorin in irgendeiner Form reproduziert oder übermittelt werden, weder in mechanischer noch in elektronischer Form, einschließlich Fotokopie.

1

Hier bin ich, Vywamus. Ich wünsche euch einen lehrreichen und angenehmen Abend und möchte euch meinen Dank aussprechen, dass ihr euch bereit erklärt habt, stellvertretend für viele Menschen mit mir dieses Interview durchzuführen. Glaubt mir, dass diese Informationen, die daraus hervorgehen, sehr wichtig sind für die Gegenwart und für die Zukunft. Das Massenbewusstsein verlangt danach, und viele Menschen haben Fragen und versuchen die Antworten durch so manches im Außen zu finden. Es gibt unterschiedliche Meinungen und Ansichten, und deshalb halte ich es für wichtig, dieses Interview zu geben, um gewissen Fragen auf den Grund zu gehen. Ich würde vorschlagen, dass wir jetzt beginnen. Stellt eure Fragen.

Vywamus, wer bist du eigentlich?

Nun, das ist eine gute Frage. Sehr oft habe ich mich auf unterschiedlichen Seminaren als eine Wesenheit vorgestellt, die da ist, um behilflich zu sein. Ich bin eine Energieform, die ich mir selbst geschaffen habe. Ich weiß, dass dies sehr kompliziert klingt und für den Verstand des Menschen kaum fassbar ist. Ich bin eine Wesenheit, so wie es die Menschen sind, nur aus anderen Vorstellungen, aus anderen Beweggründen zusammengesetzt. Ich habe zum Beispiel keinen Emotionalkörper oder Mentalkörper. Meine Einteilungen sind anders. Meine Energieformen sind anders. Meine Informationen sind nicht begrenzt in dem Maße, wie die Informationen des Menschen begrenzt sind.

Vielleicht ein Vergleich, der hilfreich sein kann, um das zu verstehen: Die Menschen durchlaufen viele Inkarnationen: Sie kommen das erste Mal hierher und haben die Form eines Vierecks; dann entwickeln sie sich weiter zu einem Dreieck, zu einem Sechseck, wie auch immer. Das, was sie anstreben, ist der Kreis. Und diesen Kreis wollen sie erreichen. Ich in meiner Energieform bin ein Kreis. Das heißt, dass ich – verglichen mit den Menschen – das, was zu lernen war, in mich selbst integriert habe.

Heißt das, du hast nichts mehr dazuzulernen?

Nun, das wollte ich damit nicht so sagen. Es ist so, dass meine Lernaufgaben eine Erweiterung meiner Perspektive, meiner Sichtweise in Bezug auf die Quelle und die Gesamtheit sind. Aber nicht gefärbt von egoistischen Vorstellungen, nicht gefärbt von Getrenntsein, so wie dies beim Menschen vorhanden ist.

Ja, dann kennst du, Vywamus, ja auch bloß einen Teil der Quelle ...

So könnte man es sehen. Weißt du, ich bin damit beschäftigt, meine Sichtweise der Gesamtheit anzugleichen. Und das tue nicht nur ich, das tun auch die anderen Lehrer. Wir sind bestrebt, das zu sein, was die Quelle darstellt: eine Einheit, eine Gesamtheit, die allumfassend ist.

Und was kannst du jetzt in deiner Sichtweise umfassen – zum Beispiel in Bildern ausgedrückt: das Sonnensystem oder mehrere Systeme, oder gibt es da noch größere Einheiten?

Nun, ich würde von meiner Sichtweise her sagen, dass man es vergleichen könnte. Aber diese Erklärung ist schwierig, ich werde einen anderen Weg suchen, um das zu beschreiben. Das, was ich überblicken kann, was ich durchdringen kann mit meiner Energie, könnte man von der Größe her in etwa mit eurem Sonnensystem vergleichen. Wobei hier wieder die Schwierigkeit besteht, dass ihr euch das Sonnensystem nicht vorstellen könnt.

Und warum braucht es dann so viele unterschiedliche Lehrer?

Das hängt damit zusammen, dass jeder Lehrer eine bestimmte Qualität, eine bestimmte Energie hier auf diesen Planeten bringt.

Es müsste doch auch dir alleine möglich sein, diese Energien herunterzubringen.

Weißt du, ich habe meine Aufgabe übernommen, eine gewisse Qualität auf die Erde zu bringen, und ebenso tun es andere. Ich arbeite nicht nur hier auf diesem Planeten mit meiner Energie.

Was ist es dann eigentlich, was du tust, Vywamus?

Eine Transformation auf die Erde bringen, eine Umwandlung in Bezug auf die Sichtweise, die die Menschen von sich selbst haben, die die Erde von sich selbst hat, die alles hat, was hier ist. So könnte man es grob ausdrücken.

Warum tust du das?

Weil es im Plan enthalten ist. Ich beziehe meine Informationen von der Quelle, und da die Quelle in ständiger Entwicklung und Bewegung ist, sind wir es alle. Mit Bewegung meine ich ein Lernen und Weiterentwickeln.

Was oder wer ist überhaupt die Quelle?

Nun, das ist die Energieform, aus der alles entstanden ist.

Kann man es so sehen, dass die Quelle alles ist, was existiert?

Aber natürlich. Du bist die Quelle ebenso wie ich.

Was meinst du, wenn du sagst, deine Aufgabe sei im Plan enthalten? Was ist der Plan?

Es gibt einen Plan in Bezug auf die Erde, speziell was der Lernprozess ist, den die Quelle integrieren wollte, was sie auch tut. Und in diesen Plan sind wir, ich und andere Lehrer, mit eingebunden. Der Plan ist der Lernprozess.

Und du fügst dich freiwillig in diesen Plan?

Das ist eine typisch menschliche Frage! Es gibt auf dieser Ebene, auf der ich bin, kein Muss und kein Freiwillig. Das gibt es nicht. Es gibt nur eine Verbindung untereinander. Jeder weiß um seinen Anteil. Die Information gibt den Anstoß, und nach dieser Information handeln wir.

Und was machst du noch, außer zu sein?

Genügt es nicht, zu sein?

Doch, aber jeder will doch weiterlernen, will doch mehr von der Quelle erfahren.

Das tue ich. Weißt du, du kannst es so sehen, dass wir wie eine Zwischenebene sind. Ganz auf der untersten Seite ist die Erde, dann kommen wir als Zwischenebene, und ganz oben ist die Quelle. Zwischen uns und der Quelle gibt es noch viele andere Ebenen, auf denen wir lernen können. Auch bei uns gibt es so etwas wie Schulen, nur sind sie ganz anders als bei euch auf der Erde. Jeder profitiert vom anderen, es gibt keine Konkurrenz.

Hast du eigentlich eine Seele?

Nicht so wie ihr Menschen. Ich stamme nicht aus der Monade der Menschen. Ich stamme direkt aus der Quelle. Es gab keine Zwischenstufe wie die Monade, so wie ihr das habt.

Besteht die Monade Mensch aus mehreren Monaden, oder gibt es eine Monade Mensch, eine Monade Tierreich...?

Ja, es ist schon so. Jedes Reich hat seine eigene Monade. In dieser Monade sind die Grundinformationen, die notwendig sind, damit die Wesenheiten überhaupt auf der Erde existieren können.

Wozu braucht es dann überhaupt eine Seele?

Die Seele ist der Vermittler zwischen dem Menschenreich und der Quelle. Sie ist auch der Speicher für alle Informationen. Es gibt viele Inkarnationen, die der Mensch durchmacht, und all dies ist in der Seele als Wissen gespeichert, das schlussendlich wieder zurückgeht, heimkommt in die Quelle.

Wie ist es zu verstehen, dass Sanat Kumara ein Seelenaspekt von dir ist?

Das würde ich als Missverständnis bezeichnen. Sanat Kumara ist eine Wesenheit, die viele Entwicklungsstufen hinter sich gebracht hat, um die Erde für einen gewissen Zeitraum zu betreuen. Ich arbeite viel mit ihm zusammen. Das ist unsere einzige Verbindung.

Es ist ja eigentlich logisch, wenn du keine Seele hast, dann kannst du auch keinen Seelenaspekt haben.

So ist es.

Gibt es in der Hierarchie, in der du bist, auch noch einen übergeordneten Lehrer?

Nun, ich sagte bereits, dass wir im Grunde genommen alle gleich sind. Der einzige Unterschied ist der, dass wir über verschiedene Energieformen arbeiten. Es gibt keinen übergeordneten Lehrer. Es ist nicht so wie bei euch, wo es immer jemanden geben muss, der die übergeordnete Funktion hat.

Um noch bei den Seelen zu bleiben – gibt es noch andere Wesenheiten, die eine Seele haben? Oder ist das mehr oder weniger auf die Erde bezogen, also auf Mensch, Tier, Pflanzen, oder gibt es auch bei anderen Wesenheiten oder in anderen Systemen solche Einheiten »Monade – Seele«?

Dies ist in erster Linie auf den Menschen beschränkt, hier auf die Erde. In anderen Bereichen sehe ich nicht, dass es so etwas gibt.

Gibt es noch ähnliche Entwicklungen wie hier auf der Erde, also Menschen wie wir in anderen Sonnensystemen?

Nein, die Polarität oder der Lernprozess der Polarität ist einmalig, das gibt es nur hier auf der Erde. Vergleichsweise gibt es nichts, das ähnlich wäre oder genauso wäre wie hier.

Vywamus, kannst du uns sagen, wie deine Energie hierherkommt, wie sie auf uns wirkt?

Nun, das ist viel auf einmal. Es gibt verschiedene Möglichkeiten, die ich nutzen kann. Der erste Punkt ist der, dass ich von mir selbst im Auftrag, in Zusammenarbeit mit der Erde meine Energie sende. Das heißt, dass ich von mir aus aktiv bin, um meine Energie in bestimmte Bereiche, sei es nun die feinstofflichen Bereiche der Erde selbst oder bestimmte Reiche, bestimmte Teile der Erde sende. Das tue ich meist gemeinsam mit Sanat Kumara, in Absprache mit ihm, da er derjenige ist, der darüber am besten Bescheid weiß. Meine Energie kommt durch viele Ebenen, wobei sie in jeder Ebene für die nächste vorbereitet wird. Es ist nur ein gewisser Anteil meiner Energie, die schlussendlich auf der Erde landet. Und das aus dem Grund, weil sie sonst nicht brauchbar wäre. Sie wäre nicht in der Polarität umsetzbar und könnte nichts bewirken. Meine Energie und auch die Energie von anderen Lehrern bewirkt immer eine Transformation, eine Umwandlung von destruktiver Energie in brauchbare Energie.

Dann gibt es noch die andere Möglichkeit, die ihr Channeling nennt. Diese Möglichkeit ist etwas anders gelagert, weil meine Energie meist gerufen wird. So wird ein Teil von mir geholt. Der Weg ist derselbe. Nur wird diese Energie dann noch zusätzlich durch die feinstofflichen Bereiche des Menschen gefiltert, damit sie umsetzbar ist. Auch hier handelt es sich nur um einen Bruchteil meiner Energie, die durchkommt. Sie bewirkt in den einzelnen Menschen sehr viel. Sie wandelt nicht nur Vorstellungen um, sie erweitert die Sichtweise in jeder Beziehung. Außerdem wirkt sie sich gut auf den physischen Bereich aus, vor allen Dingen auf die Konzentration und auf das Funktionieren und Abstimmen der einzelnen Organe. Was ich auch sehr schätze, ist, wenn meine Energie von einer gesamten Gruppe geholt wird – wobei dies häufig unbewusst geschieht. Wenn ich sage *unbewusst*, dann meine ich, dass die Menschen aus ihrer verstandesmäßigen Sicht nicht wissen, was sie tun, denn das übernimmt die Seele für sie. Wenn es sich um eine Gruppe handelt, habe ich weitaus mehr Möglichkeiten, Energie zu senden und etwas zu bewirken.

Dann gibt es noch eine weitere Möglichkeit, die ich ebenso sehr schätze. Wie ich bereits sagte, wandelt meine Energie auch den physischen Körper um. Und so liebe ich es, wenn Menschen mich rufen, wenn sie im physischen Bereich Schwierigkeiten haben, oder wenn ich von Channeling-Medien gerufen werde, um meine Energie dorthin zu senden.

Dann gibt es noch die Möglichkeit, dass meine Energie auf einer kolletktiven unbewussten Ebene gerufen wird. Und zwar sind es ganze Völker, die dies tun. Ihr könnt euch sicherlich vorstellen, mit welcher geballten Energie ich dann arbeiten kann.

Vywamus, könnte die Menschheit überhaupt ohne deine bzw. die Energie der Lehrer existieren?

Na ja, existieren mit Sicherheit. Denn ihr habt alle über die Seele einen Speicher an Energie und Kraft. Nur verlangt die momentane Situation auf der Erde einfach unser Dasein. Und ob die Menschen das jetzt wissen wollen oder nicht, sie sind es, die uns gerufen haben.

Hat deine Energie auch noch Auswirkungen auf die Erde und ihre Reiche?

Aber natürlich. Weißt du, ich kann meine Energie allumfassend einsetzen, je nachdem, wie Sanat Kumara das mit mir abspricht. Das Reich, das ich persönlich als das momentan stabilste sehe, ist das Mineralreich. In den anderen Reichen gibt es viel an Schmerz und Leid, das schlussendlich in den feinstofflichen Bereichen der Erde und in ihr selbst gespeichert wird.

Vywamus, du hast vorhin von destruktiver Energie gesprochen. Ist das eine niedere Schwingung, oder wie würdest du das bezeichnen?

Ich würde sagen, dass es sich hier um eine Energieform handelt, die falsch eingesetzt wird, die eine falsche Information trägt. Und diese Information wird von einer Wesenheit gespeichert. Und dieser Information wird immer wieder durch gewisse Begebenheiten im Außen und durch Erfahrungen erneut Energie gegeben.

Wer ist diese Wesenheit?

In dem Moment der Mensch.

Welche Wesenheiten gibt es noch zwischen den Lehrern und den Menschen?

Nun, es gibt viele Wesenheiten, die auf dem Weg sind, Lehrer zu werden. Sie durchlaufen verschiedene Ebenen des Lernens. So zum Beispiel die Ebene, auf der sie lernen, Eins zu sein.

Sind das Menschen – oder waren das Menschen?

Weißt du, es ist eigentlich selten, dass ein Lehrer viele irdische Leben durchlebt, um dann bei uns, in unserem Zusammenschluss, dabei zu sein. Es sind meist Wesenheiten, die aus ganz anderen Bereichen des Seins kommen. Ich möchte nicht sagen, aus unterschiedlichen Sonnensystemen. Mir persönlich ist es lieber, es als Bereiche des Seins zu bezeichnen. So wie Anloakan oder Lenduce. Speziell Anloakan bringt eine ganz neue Qualität auf die Erde.

Welche Qualität?

Es ist die Qualität der Umwandlung und der Beständigkeit.

Was heißt das: Umwandlung, Beständigkeit? Worauf bezieht sich das?

Das bezieht sich auf die Entwicklungsphase, in der die Menschheit und die Erde jetzt stehen. Anloakan ist der Lehrer, der diesen Planeten mit allem, was auf ihm wirkt und ist, mit der ersten Strahlqualität konfrontiert.

2

Hier bin ich, Vywamus. Es ist mir eine große Freude, euch so freudig zu sehen. Gerne bin ich bereit, auf das von euch vorbereitete Thema einzugehen, weil ich weiß, dass es viel Erkenntnis bringen wird und dass viele Menschen mehr über sich und die gesamte Geschichte erfahren werden, wenn wir die Fragen, die von euch vorbereitet sind, gemeinsam beantworten und erarbeiten. Ihr könnt beginnen.

Gut, Vywamus. Ich möchte dir als Erstes die Frage stellen: Was sind aus deiner Sicht überhaupt die 7 Strahlen?

Zunächst ist es so, dass sehr viele Menschen sich mit diesen Energien beschäftigen, doch bei Weitem nicht wissen, was sie bewirken, wo sie herkommen, warum sie da sind und wie sie sich ausbreiten, welche Möglichkeiten sie beinhalten in Bezug auf die gesamte Menschheit und den Einzelnen. Die 7 Strahlen, wie sie von euch Menschen und auch von uns Lehrern benannt werden, sind Energieformen, die direkt aus der Quelle kommen. Diese Energieformen existieren im gesamten All-Eins-Sein. Sie sind Eigenschaften, Möglichkeiten, und manchmal werden sie als Vorstellungen benutzt.

Du sagst, es sind Energieformen. Gibt es auch noch andere Energieformen als die 7 Strahlen?

Nun, der Mensch als Individuum wäre zum Beispiel eine andere Energieform.

Das heißt, diese 7 Strahlen sind verkörpert?

Weißt du, verkörpert würde ich nicht direkt sagen. Energieformen sind Alles-was-ist, alles ist Energie, ebenso diese Strahlen.

Oder besser ausgedrückt: Energie mit einem bestimmten Bewusstsein?

Vielleicht sollten wir sagen: Energie mit einer gezielt eingesetzten Information.

Möchtest du noch vorab etwas sagen über die Geschichte? Du hast die Geschichte der 7 Strahlen angesprochen – in Bezug auf die Menschheit.

Wenn ich von Geschichte spreche, dann meine ich speziell diesen Planeten, der von den einzelnen Strahlen geformt wurde. Durch die Energiequalität und Information der einzelnen Strahlen ist der Planet Erde von gasförmiger in feste Materie umgewandelt worden. Das wäre nicht möglich gewesen, wenn der Einfluss der Strahlen nicht gewesen wäre.

Kann man dann sagen, dass – der Reihe nach – erster, zweiter dritter … Strahl auf die Erde eingewirkt haben, damit sie jetzt so ist, wie sie ist?

Der Mensch braucht immer eine gewisse Ordnung, damit er verstehen kann. Doch in Wirklichkeit ist es so, dass die Strahlen gemeinsam diesen Planeten geformt haben, Voraussetzungen geschaffen haben, damit Mineralreich, Pflanzenreich, Tierreich und Menschenreich miteinander harmonisch existieren konnten bzw. können.

Die Information, die in den Strahlen beinhaltet ist, sagst du, kommt direkt von der Quelle. Stimmt das?

Ja. Denn diese 7 Strahlen sind sozusagen die Quelle. Sie repräsentieren die Quelle ebenso, wie dies die Lehrer tun, nur auf eine intensivere Art und Weise.

Kann dann jede Wesenheit mit einem bestimmten Strahl arbeiten, oder gibt es für jeden Strahl einen bestimmten Vertreter so wie die Hierarchie zum Beispiel? Also dass es gibt: »Hierarchie 1. Strahl«, »Hierarchie 2. Strahl« ...?

Nun, es ist so, dass diese Strahlen alles durchdringen. Ausschlaggebend ist, dass die Lehrer eine Qualität – oder einen Strahl, so ist es besser gesagt – fokussieren, um ihn gezielt einzusetzen, zu repräsentieren. Im Grunde genommen durchdringen alle 7 Strahlen alles.

Heißt das, ich kann einen Teil der Energie eines Strahles bewusst benutzen, um irgendetwas zu bewirken – so wie ich eine andere Energie benutze?

Das könntest du theoretisch schon. Es ist so, dass der Mensch in seiner physischen Struktur und seinen feinstofflichen Bereichen mit mehreren Strahlenqualitäten konfrontiert wird. Und ebenso, wie er seinen Schwerpunkt zum Beispiel auf den physischen Körper, auf den Intellekt lenkt, genauso gut kann er seinen Schwerpunkt auf die Strahlenqualität lenken, die einen Einfluss auf das menschliche Gehirn hat. Es kommt darauf an, was du erreichen möchtest. Du kannst die Qualität der Strahlen für alles einsetzen. Es gibt keinen Bereich, in dem die Strahlen nicht existent wären.

Kann man es so sagen, dass jegliche Energieform von den 7 Strahlen durchdrungen oder aus den 7 Strahlen zusammengesetzt ist?

Durchdrungen ja. Ebenso zusammengesetzt. Es ist wie ein Mosaik. Nehmen wir an, du hast ein Bild, das überwiegend aus der Farbe Blau besteht, obwohl es alle Regenbogenfarben enthält. Doch Blau ist der Schwerpunkt des Bildes. Und ebenso hat alles seinen Schwerpunkt. Du kannst nicht alle Strahlen zugleich schwerpunktmäßig repräsentieren. Es wird immer einer dabei sein, der der stärkere ist.

Gut, ich denke, dass ich das verstanden habe. – Es heißt immer, es gibt 7 Strahlen. In meiner Vorstellung ist es so, dass diese 7 Strahlen vielleicht ähnlich zu sehen sind wie Farben, denen wir einen bestimmten Namen geben, wie zum Beispiel Rot, Grün, Blau – und dazwischen gibt es in unendlichen Abstufungen auch noch andere Farben. Ist das auch bei den Strahlen so?

Du meinst die unterschiedlichen Farbnuancen? Ja. Jeder Strahl beinhaltet diese Nuancen. Es gibt zwischen den Strahlen nicht so etwas wie die Abstufung, die es bei den Farben gibt. Denn ein Strahl beinhaltet alle Strahlen.

Heißt das, ich könnte jetzt auch eine andere Zahl als die Sieben nehmen, um die Strahlen zu definieren – ich meine, eine andere Abstufung wählen? Oder hat die 7 eine bestimmte Bedeutung?

Ich schlage vor, dass wir bei den 7 bleiben. Denn es ist für die Vorstellung der Menschen einfacher, mit 7 unterschiedlichen Energieformen konfrontiert zu werden als mit so vielen unterschiedlichen Unterstufen. Die Zahl 7 taucht in der Geschichte dieses Planeten immer wieder auf und hat seit Urzeiten eine Bedeutung für die Menschen: etwas, das mit Unendlichkeit, mit Unerklärlichem zu tun hat. Die 7 ist für den Menschen etwas Mystisches, etwas Magisches, das er eigentlich immer außerhalb von sich selbst gesehen hat. Deshalb sind diese Energien auch in 7 eingeteilt.

Vywamus, mich würde von dir interessieren, wie du die einzelnen Strahlen siehst – wie kannst du sie benennen bzw. beschreiben?

Nun, dazu muss man einen nach dem anderen sehen und beschreiben. Im Grunde genommen repräsentieren sie für die Menschen gewisse Eigenschaften, die auf das Massenbewusstsein auf diesem

Planeten, auf alle Reiche, die hier sind, einwirken. Jeder Strahl hat seine Aufgabe.

Ich hätte noch eine Frage zu dem Wissen, das bisher gegeben wurde – da heißt es, dass es 3 Hauptstrahlen gibt und 4 Nebenstrahlen. Stimmt diese Bezeichnung noch?

Weißt du, die Zahl 3 hat ebenso eine mystische Bedeutung wie die Zahl 7. Deshalb glaubt der Mensch, dass aus den 3 Aspekten der Rest entstanden ist. In Wirklichkeit gibt es zig Aspekte, zig Eigenschaften. Was der Mensch versteht, ist sehr begrenzt. Er braucht seine Ordnung und braucht etwas, das er überblicken kann. Deshalb sollten wir bei diesem Schema bleiben, dass aus den 3 Strahlen wiederum 7 Strahlen entstanden sind – nicht 4. Denn diese 3 Strahlen sind der Ursprung aller 7 Strahlen. Der 1., 2. und 3. Strahl steht symbolisch für die Quelle.

Und würdest du jetzt noch bei dieser Bezeichnung bleiben, wie sie uns gegeben wurde – von Alice Bailey zum Beispiel? Denn die Begriffe sind meines Erachtens nicht verständlich.

Nun, weißt du, wenn wir dabei bleiben, dass der 1., 2. und 3. Strahl als sichtbares Dreieck symbolisch die Quelle verkörpern, aus der alles entstanden ist, dann würde ich vorschlagen, dass wir dabei bleiben. Es wäre nur verwirrend, dies anders zu benennen.

Wie würdest du zum Beispiel den 3. Strahl (laut Bailey »aktive Intelligenz«) – bezeichnen?

Nun, wie diese Strahlen in früheren Zeiten beschrieben wurden, das halte ich für sehr verwirrend und nicht für stimmig. Das wurde aus dem Grund gemacht, weil damals noch weit verbreitet war, dass es sich um ein geheimes Wissen handelt. Damit die »normalen« Menschen, die mit diesem Wissen konfrontiert wurden, es nicht verstanden, weil es für sie zu verwirrend gewesen wäre. Es ging wirklich nur darum, dieses Wissen geheim zu halten. Doch jetzt, in diesem Zeitalter, in dieser Zeit, ist es notwendig, zu definieren, was es wirklich bedeutet. Denn der 3. Strahl hat mit Intelligenz genauso wenig zu tun wie der 5. Strahl direkt mit der Wissenschaft. Der 3. Strahl steht symbolisch für das, was ich intuitiv erfasse und an meinen Verstand weitergeben kann. Das würde bedeuten, dass die Intuition mit dem Verstand gleichschaltet, dass in dieser Hinsicht kein Zwischenraum besteht, dass der Mentalkörper sich mit dem spirituellen Körper verbindet, eins wird, und dass das, was da an Information ist, die von oben kommt, die von der Seele kommt, umgesetzt und gelebt werden kann. Außerdem steht der 3. Strahl auch dafür, dass das Sehen nach außen und nach innen gefördert wird. Es ist schwierig für mich, diesen Strahl aus der übergeordneten Sicht zu beschreiben, da der Mensch immer alles auf sich bezieht – er neigt dazu. Es wäre für mich leichter, wenn du diese Frage etwas anders formulieren könntest, damit die Menschen für sich selbst mehr mit dieser Strahlenqualität arbeiten könnten.

Könnten wir die einzelnen Strahlen durchgehen unter dem Aspekt, wie sie sich beim Menschen auswirken? Wäre diese Frage besser?

Vielleicht sollten wir eingangs die Strahlen einfach benennen nach Begriffen oder Eigenschaften, mit denen der Mensch in der Jetztzeit umgehen kann.
So nehmen wir zum Beispiel den 1. Strahl: Viele haben Angst vor diesem Strahl, weil sie glauben, dass er alles zerstören wird, dass er grausam ist, dass sie ihr Leben lassen müssen, wenn sie sich mit diesem Strahl beschäftigen. Ich würde den 1. Strahl »Tod und Wiedergeburt« nennen.
Den 2. Strahl würde ich nicht »Liebe und Weisheit« nennen, denn

Liebe ist Weisheit, und umgekehrt ist es ebenso. Ich würde den 2. Strahl als »All-Liebe« bezeichnen.

Der 3. Strahl würde nach meinem Gutdünken so heißen: »Ich verbinde meine Intuition mit meinem Intellekt. Es gibt diesbezüglich keine Schranken.«

Dem 4. Strahl würde ich den Titel »Der Strahl des Mensch-Seins« geben.

Den 5. Strahl, der meines Erachtens nichts mit wissenschaftlichen Dingen zu tun hat, würde ich so benennen: »Konkretes Umsetzen meiner Möglichkeiten«.

Dann der 6. Strahl, der Strahl der Hingabe. Ihn würde ich als den Strahl »Der Mut, zu mir selbst zu stehen« bezeichnen.

Zum Schluss der 7. Strahl, der mit Magie in Verbindung gebracht wird. Ihn würde ich als »Spirituelle Umwandlung und Wachstum« bezeichnen.

Das wären meine Definitionen für die Jetztzeit.

Vywamus, du hast uns jetzt eine Definition der Strahlen gegeben, die für die Menschheit zutrifft. Ich nehme an, dass es für die anderen Reiche wie das Tierreich, das Pflanzenreich und das Mineralreich andere Definitionen gibt. Ist das so richtig?

Die einzelnen Reiche haben andere Aufgaben und andere Energieverteilungen als das Menschenreich. Es werden wieder andere Aspekte angesprochen, und deshalb möchte ich die einzelnen Reiche extra behandeln.

Bleiben wir vorläufig bei der Menschheit – ich meine jetzt die gesamte Menschheit. Kannst du uns einen Überblick darüber geben, wie die derzeitige Situation des Strahleneinflusses auf die Menschheit ist?

Generell ist es so, dass alle Strahlen ständig auf die gesamte Menschheit einwirken. Natürlich gibt es Schwerpunkte, so wie ich dies am

Beispiel des Bildes gezeigt habe. Zurzeit ist die Menschheit in einer Entwicklungsphase, in der der 7. Strahl sehr stark präsent war und immer noch ist. Der 7. Strahl ist dazu da, die Spiritualität, die Rückbindung an die Quelle, das, was mit Wissen und Wahrheit zu tun hat, im Menschen zu aktivieren. Das hat außerdem eine starke Verbindung zum Herzchakra. Nun kommt verstärkt die erste Strahlqualität, um das, was im Unbewussten schlummert oder teilweise schon bewusst ist, in den Alltag umzusetzen. Der 1. Strahl ist dazu da, etwas in die Realität zu bringen, zu verfestigen, zu manifestieren. Der 1. und der 7. Strahl sind momentan die zwei Hauptstrahlen, die am kräftigsten auf das Massenbewusstsein einwirken.

Der 1. Strahl, der verstärkt auf diesen Planeten kommt, wird bei den Menschen bewirken, dass all das, was sie vorher von sich glaubten – ihre Vorstellungen von sich selbst, ihren Möglichkeiten, ihrem Dasein –, in Frage gestellt wird. Dadurch hat der Mensch die Möglichkeit, seine bisherige Inkarnation im Blick auf seine Lebensweise Revue passieren zu lassen; um zu erkennen, was er daraus gelernt hat, was er integriert hat in sein Sein; um zu erkennen, inwieweit er in der Lage war, unbewusste Dinge ins Bewusstsein zu bringen und auch in die Realität umzusetzen. Der 1. Strahl wird dies sehr stark konfrontieren und in Frage stellen.

Wenn dies geschehen ist, dann werden im Menschen viele alte Annahmen und Vorstellungen sterben, und etwas Neues wird entstehen, eine neue Sichtweise von sich selbst, von seinem Umfeld, auch von der Gemeinde, in der er lebt, der Stadt, der Regierung und am Ende von der gesamten Welt. Im Zusammenhang mit dem 7. Strahl wird der Mensch dann versuchen, das, was in seinem Unbewussten vorhanden ist, mehr an die Oberfläche zu bringen, um es über die Qualität des 4. Strahles umzusetzen, die immerwährend präsent und ebenso stark ist wie der 1. und der 7. Strahl. Herauskommen wird der 4. Strahl – das Mensch-Sein.

Was die 1. Strahlqualität in Verbindung mit der 7. Strahlqualität noch auf diesen Planeten bringt, ist die Entstehung von neuen Formen der

Energiegewinnung auf diesem Planeten. Wisst, dass es bereits viele Menschen gibt, die sehr gute Ideen haben, Energien umzusetzen, die diesem Planeten und auch den Menschen nicht schaden werden; im Gegenteil – der 1. Strahl wird eine konkrete Umsetzung anbieten, diese Ideen zu verwirklichen. Vielleicht haben wir später die Möglichkeit, noch näher auf diese Ideen einzugehen, darauf, um welche Verwirklichungen es sich handelt, inwieweit es umsetzbar wird in der nächsten Zeit.

Vywamus, kannst du uns etwas über den Grund sagen, warum der 1. und 7. Strahl gerade jetzt besonders wirksam sind – wer bestimmt das?

Nun, es gibt ein Gesetz der Affinität, der Anziehung. Bestimmen, welcher Strahl vorherrschend ist oder etwas freisetzen wird, tut das Bewusstsein auf diesem Planeten. Zum Beispiel die Menschen, die Erde, die Reiche. Sie ziehen diese Strahlen an, weil sie die Energiequalität dieser Strahlen brauchen, um sich weiterzuentwickeln. Es gibt keine Stagnation im spirituellen Plan der Quelle. Es ist alles in ständiger Entwicklung. Wären diese Strahlen nicht da, gäbe es keine Anziehung für diese Energiequalitäten, dann wäre eine Stagnation vorprogrammiert. Doch das ist eben nicht so. Die Menschheit will sich weiterentwickeln, ebenso wie die Erde und alle ihre Reiche. Und deshalb kommen die Energiequalitäten der 7 Strahlen vermehrt auf diesen Planeten, um behilflich zu sein, dass es weitergeht.

Das heißt, dass auch Seelen vom 7. Strahl jetzt verstärkt auf die Erde kommen?

Ich würde nicht *Seelen vom 7. Strahl* sagen. Ich würde es so benennen: Wesenheiten, die den 7. Strahl momentan auf diesem Planeten repräsentieren. Sicherlich müssen sie rein logisch vermehrt vorhanden sein, denn wie könnten sie sonst diese Qualität anziehen? Schau, das ist wie bei einem Magneten. So funktioniert es auch bei den Strahlen.

3

Hier bin ich, Vywamus. Ich begrüße euch und bin bereit, weiterzuarbeiten an unserem Buch.

Vywamus, wir möchten heute mit einem Kapitel über die Erde weitermachen, und ich möchte dir als Erstes die Frage stellen: Warum haben die Menschen so große Schwierigkeiten, die Erde als Lebewesen zu fühlen und zu akzeptieren?

Zuerst begrüße ich dieses Thema, weil es gerade jetzt zu diesem Zeitpunkt sehr wichtig ist, wo sich alles auf diesem Planeten zuspitzt, wo vieles umgewandelt wird, wo Altes vergehen muss, damit Neues entstehen kann. Es gibt verschiedene Punkte, warum die Menschen Schwierigkeiten haben, die Erde als Lebewesen zu sehen, zu fühlen und zu akzeptieren.

Zum einen ist es so, dass sie sich nicht vorstellen können, dass sie auf einem Planeten leben, der seinerseits lebt, der so sein soll wie sie selbst. Es überschreitet ihr Vorstellungsvermögen. Die Erde erscheint ihnen als ein Gebrauchsgegenstand, mit dem sie umgehen können, auf dem sie ihre Häuser errichten und ihre Straßen bauen können. Sie kommen gar nicht auf den Gedanken, dass sie tagtäglich auf ihr herummarschieren, auf etwas, das lebt, das ebenso Bedürfnisse hat wie der Mensch selbst.

Zum anderen ist es so, dass der Mensch durch viele Inkarnationen gegangen ist, seine Spuren auf der Erde hinterlassen hat, seine Muster und Vorstellungen dessen, was er in früheren Zeiten erlebt hat. Oftmals ist es Leid und Schmerz, und der Erde wird die Schuld gegeben. Aus diesem Grund hat der Mensch Schwierigkeiten, sie zu akzeptieren. Momentan sind viele Wesen inkarniert, die die Erde sehr stark ablehnen, weil sie hier wieder mit alten, aus der Vergangenheit kommenden Mustern konfrontiert werden, die sie mit Leid und Schmerz in Verbindung bringen. Das wird auf die Erde projiziert – sie ist schuld daran, das Leben hier auf diesem Planeten ist nicht erträglich – und so weiter und so fort. Das sind die Muster, die den Menschen dazu veranlassen, die Erde abzulehnen, ihr das alles abzusprechen, was sie zum Beispiel den Menschen geben möchte.

Ein weiterer wichtiger Punkt ist, dass sie nicht in der Lage sind, mit der Erde zu kommunizieren, dass aus ihrer Sicht die Erde nicht auf ihre Fragen antwortet. Sie können nicht mit ihr sprechen. Sie sind dazu nicht in der Lage – so glauben sie. Sie haben es nicht einmal versucht. Sie sehen nicht die Schönheit, die die Erde für sie bereithält, und sie fühlen nicht die Liebe und Heilenergie, die die Erde immer wieder aussendet.

Kannst du uns sagen, wie es möglich wäre, die Menschen wieder dahin zu bringen, einen näheren und besseren Kontakt mit der Erde zu haben?

Schau, das ist ein Arbeitsbereich von uns Lehrern der Geistigen Hierarchie. Die Menschheit wird erst dann einen besseren Kontakt zur Erde haben, wenn sich das Massenbewusstsein verändert. Das Massenbewusstsein sind die Gedankenformen, die Vorstellungen der gesamten Menschheit. Wenn sich dahingehend etwas verändert – und diese Veränderung ist momentan noch nicht gegeben –, erst dann wird sich die Verbindung zur Erde ändern. Erst dann werden die Menschen im Gesamten sehen, was die Erde wirklich tut, was sie bewirkt, wie sie ist, wie sie fühlt, auch wie sie denkt. Solange das nicht der Fall ist, wird die Menschheit die Erde als Lebewesen ablehnen.

Aber ist es nicht paradox, einerseits der Erde Energie zu geben, die Erde energetisch zu unterstützen, und andererseits von der Erde Heilenergie anzunehmen?

Das ist eine typische Menschenfrage. In dem Moment, in dem du als Mensch siehst, wie das Spiel der Energien zusammenwirkt, wirst du auch erkennen, dass es notwendig ist, der Erde Energie zu geben, damit sie imstande ist, überhaupt Energie abzugeben. Je mehr ihr zugeführt wird, desto mehr kann sie abgeben.

In welcher Form benötigt die Erde hauptsächlich Energie von uns Menschen?

Das, was sie an Energie braucht – die Eigenschaft oder Information, die diese Energie enthalten soll –, wäre zum Beispiel: Akzeptanz und Liebe. Ein Miteinander, nicht ein Gegeneinander. Es gibt verschiedene Gruppen von Menschen, die sich sehr um die Erde bemühen, doch sind diese Gruppen noch sehr rar. Sie sind dünn gesät im Vergleich mit denjenigen, denen die Erde gleichgültig ist.

Es wird immer die Frage gestellt: Warum greifen die Lehrer nicht ein? Sie haben doch viel mehr Möglichkeiten als wir Menschen. Heißt das, dass ›Erde – Mensch‹ ein wechselseitiger Lernprozess ist?

So ist es. Wir Lehrer sind bemüht, den Menschen ein neues Bewusstsein zu bringen, können das aber nur tun, wenn der Mensch es zulässt.

Warum lassen die Menschen das nicht zu?

Das ist eine gute Frage. Weißt du, der Mensch ist in seiner Entwicklung momentan sehr stark mit sich selbst und seinen materiellen Gütern beschäftigt. Er denkt gar nicht daran, in die Eigenverantwortlichkeit zu gehen, um zum Beispiel etwas für die anderen, im Besonderen für die Erde zu tun. Teilweise ist es auch die Angst vor unbekannten Dingen, die eine Veränderung bringen könnten, mit denen die Menschen überfordert wären. Es gibt viele Gründe, warum die Menschheit Angst hat, ihr Bewusstsein zu erweitern. Die größte Angst hat sie vor der Eigenverantwortlichkeit.

Und warum ist es überhaupt so weit gekommen – Angst vor der Eigenverantwortlichkeit?

Weißt du, die Menschen haben sich all ihre Verantwortung von verschiedenen Autoritäten und übergeordneten Instanzen abnehmen lassen. Das war in diesem Moment einfach bequem. Sie haben nicht erkannt, in welche Sackgasse sie sich selbst hineinmanövrieren. In dieser Sackgasse sind sie jetzt gelandet. Und nun geht es darum, sich einzugestehen, dass nicht alles hundertprozentig gut war, zu dem sie sich entschieden haben. Jetzt geht es darum, die Eigenverantwortlichkeit wieder selbst zu übernehmen. Zum anderen ist die Entwicklung der Menschheit in dieser Sackgasse angelangt, weil sie sich viel zu sehr von dem Mensch-Sein abgewendet haben. Es ist so viel an Herzenergie verloren gegangen. Der Mensch hat sich mehr seinen materiellen Gütern zugewandt. Die Seele hat nicht mehr die Bedeutung, die sie früher hatte. Die Verbindung zum Ursprung ist bei vielen Menschen nicht mehr bewusst. Es geht in ihrem Leben um ganz andere Dinge, die ihnen viel wichtiger erscheinen.

Wenn du sagst: Eigenverantwortung übernehmen. Ich bringe das eigentlich – wenn ich die Menschheit als Ganzes sehe – sofort in Verbindung mit den Regierungen. Hältst du es für notwendig, die Regierungsformen diesbezüglich zu ändern, dass die Menschen Verantwortung nicht an Regierungen abgeben, sondern sie eben selbst übernehmen?

Weißt du, dies wird sich verändern, wird jedoch ein Prozess sein, der über viele hundert Jahre gehen wird.

Du hast angesprochen, dass die Menschheit die Seelenverbindung verloren hat. Du hast das Wort ›früher‹ gebracht. Früher – das sind doch bestimmt schon Millionen von Jahren. Meine Frage dazu: Normalerweise besteht doch immer ein Regulativ, ein Ausgleich – wenn eine Seite verstärkt drückt, dann bildet sich eine Gegenentwicklung …?

Dazu kann ich Folgendes sagen: Die Verbindung zur Seele, zum Ursprung war einmal sehr stark, dann ist sie wieder voll und ganz abgebrochen, und dann wurde sie wieder stärker. Es ist eine Wellenbewegung, die durch die gesamte Entwicklung geht. Jetzt zu diesem Zeitpunkt ist es angesagt, dass die Verbindung zur Seele wieder stärker wird. Nur, diese Wellenbewegungen, von denen ich gesprochen habe, sind oftmals viele Tausende von Jahren, die vergehen, bis der Mensch sich wieder besinnt, dass er einmal eine Verbindung zu seiner Seele hatte. Dass es so etwas gibt, dass er mit ihr sprechen kann, und dass es einen Ursprung gibt, aus dem er entstanden ist.

Weil wir schon bei der Seele sind – hat die Erde auch eine Seele?

Nicht in der Form, wie sie der Mensch hat. Die Erde ist ein Lebewesen mit feinstofflichen Bereichen, so wie der Mensch in etwa. Aber sie hat keine Seele im menschlichen Sinne.

Hat sie dann auch einen Emotionalkörper, Mentalkörper und so weiter?

Es ist ähnlich wie bei den Menschen. Man könnte es vergleichen, ja.

Kommt die Erde direkt aus der Quelle?

Nun, wenn du davon ausgehst, dass aus der Quelle alles entstanden ist, dann muss ich es mit Ja beantworten.

Hat sich die Erde für dieses Experiment zur Verfügung gestellt?

Die Erde besteht seit viel längerer Zeit als die Menschen. Sie hat lange vor der Menschheit, zig Jahre vorher, bestanden und ist ein Teil der Quelle.

Worauf ich hinauswollte, ist eben wie beim Menschen: Mensch–Seele–Monade …?

Dazu kann ich sagen, dass die Erde aus der Quelle entstanden ist und zunächst gasförmig war. Sie ist erst viel später fest geworden, zur festen Materie. Doch zwischen diesen Entwicklungsstufen liegt eine sehr lange Zeit.

Um jetzt bei der Geschichte zu bleiben: Können wir davon ausgehen, dass die Menschheit schon viel länger besteht, als angenommen wird?

Davon kannst du ausgehen.

Gab es Zeiten, in denen die Menschheit völlig zerstört wurde, zum Beispiel durch Katastrophen?

So ist es. Nur ist es nie die gesamte Menschheit gewesen, die voll und ganz »zerstört« wurde oder durch Katastrophen von diesem Planeten verschwand. Es waren immer nur gewisse Teile von Menschen, gewisse Teile der Erde. Wobei ich hinzufügen muss, dass sich die Erde seit Anbeginn sehr stark verändert hat. Sie war nicht immer so, wie sie jetzt ist, sie hat gewisse Entwicklungsstufen gebraucht, gewisse Katastrophen, um ihre jetzige Form zu erreichen. Um der jetzigen Menschheit die Möglichkeit ihrer Entwicklung im Jetzt zu geben, musste die Erde ihre Entwicklung ebenso beschreiten, wie dies die Menschheit tat.

Also wenn die Erde früher anders war – waren auch die Reichen anders?

Natürlich. Sie sind ja ein Teil von ihr.

Kannst du uns davon vielleicht ein kurzes Bild geben?

Das ist nicht so einfach, wie du glaubst. Ich könnte es höchstens schwerpunktmäßig tun. Zu Anbeginn war das Mineralreich das Reich, das sich formiert hatte, das praktisch die Basis für alles Leben bot, das hier ist. Das Mineralreich brauchte sehr, sehr lange Zeit, um diese Basis zu bilden, um den Pflanzen die Möglichkeit zu geben zu wachsen. Bei den Pflanzen war es dann so, dass auch verschiedene Entwicklungsstufen durchgemacht wurden. Die Pflanzen selbst haben versucht, sich zu entwickeln. Auch die unterschiedlichen Bereiche der Erde, wo es kalt und warm war. Sie mussten sich formieren, mussten dazu mit dem Mineralreich kommunizieren, um ihren Platz zu finden. Auch diese Entwicklung dauerte ziemlich lange. Es gibt heute viele Pflanzen, die es damals noch nicht gab, und umgekehrt. Ebenso das Tierreich: Auch die Entwicklung des Tierreiches benötigte lange Zeit. Schau einmal nur auf den Bereich der Insekten: Wie groß er ist. Bis sich alle diese Tiere entwickelt hatten! Vor allen Dingen war es so, dass manche nur kurze Zeit hier waren und dann wieder weggingen, weil das Umfeld Erde nicht gepasst hat, oder weil die Entwicklung der anderen Reiche, mit denen sie zusammenarbeiteten, nicht funktioniert hatte, einfach zu andersartig war. Genauso war es bei den Menschen. Auch sie brauchten eine gewisse Zeit. Vor allen Dingen diejenigen, die am Anfang auf der Erde waren, diejenigen, die sozusagen die Ersten waren. Bis sie sich mit dem zurechtfanden, was sie auf diesem Planeten erwartete. Man könnte sagen, sie mussten sich alle untereinander erst zusammengewöhnen, miteinander sprechen, sehen, was der eine vom anderen bekommt, und umgekehrt. Es ist nicht so leicht für mich, das zu schildern.

Vywamus, sag mal, wie sind denn die ersten Menschen überhaupt hierhergekommen?

Nun, ich möchte sagen, sie sind hier auf diesem Planeten gelandet.

Wie kann man sich das vorstellen – gelandet?

Wie ich es sagte. Sie sind nicht aus dem Wasser entstanden oder aus irgendwelchen Tieren. Sie sind hier auf der Erde gelandet.

Im materiellen Zustand oder halbmateriell? Oder mit Raumschiffen oder ...?

Mit Raumschiffen sind sie mit Sicherheit nicht gelandet. Das wäre wohl das, was die Menschen jetzt hören möchten. Es muss etwas Spektakuläres sein, etwa Einzigartiges. Vielleicht ist es besser, wenn ich sage, sie wurden hierher projiziert.

Aus der Seele oder aus der Monade?

Zunächst einmal ist es so, dass aus der Monade gewisse Gruppen gebildet wurden, die dann als Seelen hier auf die Erde projiziert wurden.

Und hier in fester Form sozusagen ...

... als Mensch gewirkt haben. Durch diese Projektion ist auch das Gefühl der Einsamkeit und des Ausgestoßenseins entstanden. Man kann es mit einer Geburt im Jetzt vergleichen.

Wie ist das eigentlich bei den verschiedenen Tier- und Pflanzenarten? Du sagst, es sind immer welche gekommen und wieder gegangen. Wenn jetzt eine neue Tierart entsteht – wie entsteht sie?

Nun, für den Menschen entsteht sie in erster Linie daraus, dass verschiedene Kreuzungen geschehen. Dass sich Tiere zum Beispiel paaren, die im Grunde genommen nicht zusammengehören. Es gibt jetzt auf diesem Planeten Tierarten, die für den Menschen noch vollkommen neu sind, die er noch nicht gesehen hat, die aber bereits seit vielen, vielen Jahren hier existieren.

Ich hätte noch eine Frage zu den Reichen, ganz speziell eben auch zum Mineralreich. Es wird immer als eigenes Reich betrachtet. Aber das ist doch eigentlich der Körper der Erde, er besteht doch aus dem Mineralreich.

Der Körper der Erde besteht nicht nur aus dem Mineralreich. Er besteht aus allen Reichen. Das Mineralreich kannst du als Basis sehen, als Ausgangspunkt. Aber nicht als das Reich, aus dem alles besteht. Das Pflanzenreich stellt mit seinen vielen Wurzeln ein verbindendes Glied zum Mineralreich her – das nur ein Beispiel. Die Tiere sorgen dafür, dass der Kreislauf in der Natur gewährleistet ist.

Kann man es so sehen, dass sich verschiedene Seelen, also zum Beispiel die Gruppenseelen Menschen, Tiere, Pflanzen und Mineralien für das Experiment Erde bereiterklärt haben? Und die Erde umfasst oder schließt alles mit ein?

Nun, alle diese Gruppen haben sich zusammengefunden. So ist es wohl richtig. Aber die Erde umfasst es nicht. Die Erde bietet die Möglichkeit, dass ein Lernprozess überhaupt stattfinden kann. Denn die Erde ist der einzige Planet, der die Information der Polarität trägt. Der in dieser Form, wie er jetzt ist – feste Materie –, den Wesenheiten die Möglichkeit dieses Lernprozesses gibt.

Kann man das so sehen – im Menschen sind ja auch Tiere, zum Beispiel Bakterien in der Darmflora. Kann man das mit der Beziehung Erde–Mensch vergleichen?

Es sind zwei Wesenheiten, die im Grunde genommen eins sind. Und der Mensch symbolisiert dies, indem er seine Toten in der Erde bestattet. Die Erdbestattung ist etwas, was aus früheren Zeiten für die

Menschen ein Ritus war, noch bevor es die Kirche gab. Wo sie aufzeigen wollten, dass beide eins sind. Doch das wurde längst vergessen.

Sollte dies beibehalten werden?

Nun, zur heutigen Zeit ist es für die Erde im wahrsten Sinne des Wortes eine große Belastung. Es wäre günstiger, die Toten zu verbrennen.

Und warum ist es eine Belastung? Könntest du das näher erklären?

Es ist einfach so, dass die Informationen der verschiedenen Krankheiten zum Beispiel in der Erde sind. Sie belasten die Erde und belasten auch die Menschheit.

Sind das nur die Informationen der Krankheiten, oder kann man das noch differenzierter sehen?

Es sind die ganzen Gifte. Es ist, wie wenn du als Mensch Maden in deinem Körper hättest, die dich langsam auffressen.

Wenn du von Maden sprichst, vom Fressen, dann würde ich gerne wissen, wie sich die Quelle das gedacht hat – wie sollte der Mensch sein physisches Sein, den Körper, ernähren?

Er sollte das essen, was ihm schmeckt.

Tiere zum Beispiel?

Nun, wenn es sein Bewusstsein zulässt, dann wird er es tun.

Aber rein vom physischen Aufbau her war es doch nicht so gedacht, oder?

Nein. Der Mensch ist im Grunde genommen kein Fleischfresser.

... Pause ...

Nun, ich möchte noch einmal auf den Ursprung zurückkommen – den Ursprung der Erde und der Menschheit. Es bedarf noch einiger Erklärungen, damit es für euch und auch für diejenigen, die dieses Buch lesen, besser verständlich ist. Als die Erde durch die Einwirkung des ersten Strahles von ihrem gasförmigen Zustand zu fester Materie wurde, brauchte es noch lange Zeit, bis sie als Planet bereit war, Boden für das Pflanzenreich, das Tierreich und schlussendlich das Reich der Menschen zu sein. Als dies so weit war, wurde das Pflanzenreich geschaffen. Wenn ich sage geschaffen, dann meine ich damit, dass aus der Quelle heraus der Samen in die Erde gelegt wurde, damit die Pflanzen entstehen konnten. Auch sie sind eine Projektion der Quelle, die sich hier auf der Erde materialisieren konnte. Ebenso war es mit den Tieren und auch mit den Menschen. Ich sagte bereits, dass es für die Menschen ein Schock war, auf diesen Planeten zu kommen. Dass sie sich ausgestoßen fühlten, alleingelassen. Es brauchte Zeit, bis sie sich in dem Umfeld, auf dem sie gelandet waren, zurechtgefunden hatten. Zur damaligen Zeit gab es keine verbale Kommunikation, wie sie jetzt unter den Menschen üblich ist. Der Mensch konnte sich noch telepathisch mit den unterschiedlichen Reichen und mit der Erde verständigen und auseinandersetzen. Es war eine harmonische Verbindung, die ihr euch als kreisförmige Einheit vorstellen könnt. Das dauerte viele Jahre, bis der Mensch mehr und mehr die Energie der Polarität zu spüren bekam. Aus dieser Energie heraus entstand das, was ihr jetzt als Gut und Böse in euch fühlt: das Unterscheidungsvermögen, das in der Polarität verankert war. Als der Mensch auf der wellenförmigen Bewegung ganz oben war, erreichte ihn diese Energie voll und ganz. Er musste sich damit auseinandersetzen und begann zu unterscheiden, wer gut oder böse ist. Das bezog sich nicht alleine auf die Menschen, sondern auch auf die Tiere, auf die

Pflanzen, auf die Erde. Und so begann er in seiner Entwicklung den ersten Talpunkt anzusteuern. Als er diesen Talpunkt erreicht hatte, brauchte es erneut viel Zeit, damit er wieder erkannte, wo er jetzt ist, auf welchem Stand seines Bewusstseins. Und so ging es wieder nach oben, was bedeutet, dass er sich wieder auf seinen Ursprung besann, auf die Seele, die er war. Und diese wellenförmige Bewegung geht seit Anbeginn der Erde auf und ab. Gibt es dazu eine Frage?

Ja, wie ging es dann weiter mit den Einwirkungen der verschiedenen Strahlen, die sich doch auch in ihrer Intensität abgewechselt haben?

Weißt du, im Grunde genommen sind immer alle Strahlen gegenwärtig auf der Erde. Nur ist der eine Strahl schwerpunktmäßig stärker als der andere. Die Strahlen sind auch von der Information der Energie dafür verantwortlich gewesen, dass zum Beispiel verschiedene Pflanzen hinzukamen und andere wieder gingen. Ebenso war es bei den Tieren.

Wurden diese Pflanzen und Tiere wieder projiziert oder materialisiert, oder entstanden sie aus Kreuzungen?

Meist aus Kreuzungen. Man kann sagen, dass aus dem Pflanzen und Tierreich eine bestimmte Form, eine Urform auf die Erde kam, aus der alle anderen Pflanzen und Tiere entstanden sind, die sich durch ständige Weiterentwicklung und Einwirkung von unterschiedlichen Strahlenqualitäten, Energien, die von außerhalb der Erde kamen, entsprechend verändert haben.

Ist es heute auch noch so, dass – also, ich nehme jetzt einen Zeitraum zum Beispiel der letzten 1000 Jahre her – dass neue Pflanzen- oder Tierformen erschaffen wurden?

Nun, das weiß doch jeder hier auf diesem Planeten, dass durch unterschiedliche Kreuzungen im Pflanzenreich wieder neue Farben und Formen entstanden sind. Doch diese Kreuzungen haben die Menschen geschaffen.

Das heißt also, es hat eine Urform aller Pflanzen und Tiere gegeben – sämtliche Weiterentwicklungen sind dann durch Kreuzungen entstanden?

So könnte man es sehen. Wobei ihr nicht den Fehler machen sollt, eine Urform zu sehen.

Also eine gewisse Menge von Urformen.

So ist es richtig.

Ist es dann in Ordnung, dass die Menschen, wie es jetzt wieder geschieht, mit Genversuchen bei Pflanzen, Tieren und auch beim Menschen experimentieren?

Nun, weißt du, das war in früheren Zeiten bereits der Fall, und ob du es jetzt als in Ordnung befindest oder nicht – die Menschen werden es trotzdem tun. Sie suchen in dieser Manipulation das Göttliche, das ihnen in ihnen selbst verloren gegangen ist. Sie suchen den Gott in sich und glauben, ihn dort zu finden.

Wie würdest du den Menschen raten, dass sie damit umgehen sollten – zum Beispiel neue Lebensformen bei Pflanzen oder bei Tieren zu entwickeln? Sollten sie das bewusst und wissenschaftlich tun oder, ich sag mal, dem Zufall überlassen?

Dazu ist meine Antwort die, dass sich der Mensch erst einmal seiner Motivation bewusst werden sollte, bevor er irgendwelche Versuche mit Lebewesen startet, die ebenso empfinden wie er. Auch wenn ihm das nicht bewusst ist und er es nicht sieht.

Es gibt derzeit unter den Menschen die Diskussion über Tierversuche, die dazu dienen sollen, zum Beispiel neue Medikamente zu entwickeln. Siehst du es als förderlich, Tiere als Versuchsobjekte zu benutzen? Ist das notwendig?

Es ist keinesfalls notwendig. Solange der Mensch sich nicht im Klaren darüber ist, wo die Ursachen seiner Krankheiten liegen, solange wird er auf einem falschen Gebiet forschen. Zudem ist die Energie, die durch diese Quälereien freigesetzt wird, nicht sehr förderlich. Weder für die Menschen noch für die Erde. Zum anderen ist es so, dass nicht nur Tierversuche gemacht werden, sondern ebenso Menschenversuche. Es geschieht so viel hinter verschlossenen Türen, was der Allgemeinheit verborgen bleibt, weil sie es gar nicht wissen will.

Könntest du vielleicht – wenn wir schon bei den Krankheiten sind – auf chemische oder natürliche Präparate eingehen, ihren Sinn, Nutzen und Zweck, und auch, warum es überhaupt Tierversuche gibt?

Das ist viel auf einmal. Zunächst einmal möchte ich wiederholen, dass es wichtig ist, dass der Mensch erkennt, wo die Ursachen seiner Krankheiten liegen. Das bedeutet im Klartext: Die Menschen müssen erkennen, dass sie nicht nur aus einem physischen Körper bestehen, sondern auch aus vielen feinstofflichen Teilen, die sie durchdringen und umgeben. Erst dann haben sie die Möglichkeiten, sich selbst besser zu erkennen und im gesamten Krankheitswesen Ursachen zu sehen und zu setzen. Das, was in Form von Chemie an die Menschen weitergegeben wird, macht sie nicht gesund, sondern nur noch kränker. Erreichen kann man damit nur eine Verschiebung des Symptoms, aber keine Heilung. Das, was an natürlichen Mitteln der Vorteil ist, ist der, dass er den Menschen hilft, bewusst zu machen, wo die Ursache liegt, warum er speziell diese Krankheit bekommen hat. Er wird sensibler für sich selbst, kann selbst hinterfragen, wird wieder zurückgeführt zu seiner Eigenverantwortlichkeit.

Was den Tierversuch angeht, so ist es bereits mehrmals verschiedenen Menschen, die auf diesem Gebiet gearbeitet haben, bewusst geworden, dass es keinem Vergleich standhält, ein Präparat am Tier zu erproben, um es dann an die Menschheit weiterzugeben. Es gibt so viele Tatsachen, die dagegensprechen. So zum Beispiel, dass Tiere auf verschiedene Präparate ganz anders reagieren, als dies die Menschen tun. Die Menschheit fügt nicht nur den Tieren Leid zu, sondern auch denjenigen, denen später diese Präparate verabreicht werden.

Kann man die Wirkungsweise von natürlichen Medikamenten und von chemischen Medikamenten durch die Information unterscheiden, die zum Beispiel in den Pflanzen ist und die in den chemischen Präparaten nicht enthalten ist? Oder die Lebenskraft, oder ...?

Weißt du, ausschlaggebend ist, dass der Mensch im Grunde genommen ein Teil der Natur ist und so die Informationen der natürlichen Präparate weitaus besser als einen Teil seiner selbst annehmen kann. Denn diese Präparate gehen nicht nur in den physischen Körper, sie gehen weit darüber hinaus in die feinstofflichen Bereiche hinein, um dort Informationen freizusetzen, die wichtig sind, damit der Mensch seine Krankheit besser verstehen kann, damit er ihre Ursache erkennt. Das tun chemische Präparate überhaupt nicht. Sie wirken nur auf den physischen Körper. Wobei es Präparate gibt, die in den Energiekörper hineingehen können, um ihn zu vernebeln, um die Informationen, den Energiefluss aus den feinstofflichen Bereichen heraus zu stören. Damit meine ich »schwere« Medizin.

So genannte Psychopharmaka?

So ist es. Was diese Medikamente außerdem noch bewirken, ist, dass sie Gehirnzellen abtöten und so den Menschen abstumpfen lassen.

Du kannst dir das so vorstellen: In dem Moment, wenn der Energiekörper nicht mehr durchlässig ist, kommen auch keine belebenden Informationen mehr in den physischen Körper. Das bedeutet, dass der physische Körper von den feinstofflichen Bereichen wie abgetrennt ist. Und je mehr dies der Fall ist, desto mehr stumpft er ab, desto weniger Lebenskraft hat er.

Also, ich sehe das momentan so, dass anscheinend die meisten Medikamente, die die Menschen heute zu sich nehmen, sie kränker als gesünder machen.

Das entspricht absolut der Wahrheit. Und in dem Moment, wenn die Menschen die Möglichkeit haben zu sehen, was diese Präparate bewirken, werden sie den Beweis haben.

Obwohl man vielleicht dagegen anführen könnte, dass die Leute doch gesund werden. Also, denen geht es wieder gut ...

Für einen gewissen Zeitraum. Es braucht Zeit, damit der physische Körper erkennt, dass das Problem – durch ein Magengeschwür zum Beispiel – nicht gelöst wurde.

Und dann kommt es wieder.

So ist es. Dann sucht sich dieses Problem ein anderes Organ, um den Menschen durch eine weitere Krankheit auf die Ursache des Konfliktes aufmerksam zu machen. Im physischen Körper gibt es viele Möglichkeiten, Konflikte auszutragen.

Das heißt, du rätst uns also, die Ursache einer Krankheit herauszufinden und die Ursache zu beseitigen – dann wird auch die Krankheit nicht mehr kommen.

Natürlich. Schau, ein Beispiel: Du hast einen wunderbaren Garten mit feinem englischen Rasen. Und genau in der Mitte des Gartens gibt es einen Streifen mit Löwenzahn. Du möchtest diesen Streifen gerne beseitigen und mähst ihn kontinuierlich ab. Doch er kommt immer wieder, solange du die Wurzeln nicht herausreißt.

Vywamus, wie siehst du die Entwicklung, Krankheiten oder ihre Informationen in den feinstofflichen Körpern zu erkennen? Ich meine jetzt im Sinne von Technik. Kann man die feinstofflichen Körper irgendwann einmal auch technisch sichtbar machen?

Nun, natürlich – man wird sie sehen und messen können, ebenso wie die Seele. Doch wird dies noch einige Zeit brauchen. Was ich als sehr wichtig betrachte, ist, dass in der Menschheit viel Bewegung in Bezug auf die Gesundung der Allgemeinheit, des gesamten Wesens vorhanden ist. Dass immer mehr Menschen in Eigenverantwortlichkeit handeln und sich nicht mehr in gewisse Abhängigkeiten begeben – Abhängigkeiten in Bezug auf die Medizin, die Schulmedizin. Es herrscht immer mehr Vertrauen in die Natur.

Kann ich Energien aufnehmen, zum Beispiel vom Massenbewusstsein, die mich energetisch überfordern und sich dann auch physisch manifestieren könnten – obwohl die Ursache eigentlich nicht in mir liegt?

Nun, weißt du, du musst immer einen Resonanzboden für eine Krankheit haben. Wenn das nicht der Fall ist, wirst du sie auch nicht bekommen. Du kannst grundsätzlich das Massenbewusstsein als eine einzige Person sehen, die sich in viele, viele Zellen aufteilt, so wie der physische Körper. So kann eine Zelle, die die Information trägt, diese Krankheit zu bekommen, wohl daran erkranken. Aber der gesamte Körper muss es nicht. Das Massenbewusstsein ist ein einziger großer Körper.

Ich hätte noch eine Frage für die Ärzte: Worauf sollten sie sich deiner Meinung nach am stärksten konzentrieren? Wo sollten sie noch lernen?

Lernen in der Allgemeinheit. Lernen in der Gesamtheit. Dem Menschen wieder sein Mensch-Sein zurückgeben. Loslassen von irgendwelchen Machttendenzen, die – sei es nun bewusst oder unbewusst – in den Menschen schlummern. Ausschlaggebend ist – nicht nur für die Ärzte, sondern für jeden Menschen, der hier lebt –, wieder die Rückbindung an das Mensch-Sein, den Aspekt der Liebe in sich zu erkennen, Achtung anderen Lebewesen und natürlich auch der Erde selbst entgegenzubringen. Ich möchte dies nicht nur auf die Ärzte beziehen, sondern auf alle Menschen.

Wenn ich davon ausgehe, dass die Seele sich in jeder Inkarnation bestimmte Lernprozesse aussucht, bevor sie hier auf der Erde inkarniert, um diese Informationen oder Vorstellungen zu transformieren – warum vergisst der Mensch dann all das Wissen, das er sich in vielen Inkarnationen angeeignet hat?

Weißt du, das Wichtige daran ist, dass du in dem Moment, in dem du in die Polarität eintauchst, vergisst. Deshalb ist es so wichtig, den bewussten Kontakt zur Seele wieder herzustellen. Es ist ein Mechanismus, der automatisch geschieht, der passiert, wenn du geboren wirst. Das Wissen der Basis ist in der Seele.

Warum vergisst man?

Das hat den einen Grund, dass du zum Beispiel eine Inkarnation nicht antreten würdest, wenn du es in dem Moment wüsstest. Wie möchtest du lernen, wenn du schon vorher weißt, um was es geht? Natürlich neigt der Mensch dazu, wissen zu wollen: Tag 1 geschieht das, Tag 2 und Tag 3 jenes ... Aber schau einmal selbst: Wie schnell würde es dir langweilig werden, wenn du über jeden Tag und jeden

Schritt schon vorher Bescheid wüsstest? Das entspricht nicht dem Naturell des Menschen.

Mit Vergessen meine ich: Warum vergesse ich meine Vergangenheit? Wenn ich über meine Vergangenheit Bescheid weiß, muss ich ja noch nicht die Zukunft kennen. Ich kann ja immer neu entscheiden.

Es ist wichtig, dass du im Jetzt lebst. In dem Moment, wo der Mensch Bescheid über seine vielen, vielen Inkarnationen weiß – was wäre die Folgeerscheinung? Er würde resignieren. Er würde mit Sicherheit nicht das Positive, sondern mehr das Negative sehen. Ist es denn so wichtig, was in der Vergangenheit geschehen ist? Wichtig und ausschlaggebend ist das Jetzt, das Im-Jetzt-Sein. Bewusst zu leben bedeutet nichts anderes.

Eine Frage, die immer wieder gestellt wird: Wann tritt die Seele vor der Geburt in das beginnende Wesen Mensch ein?

Sofort bei der Zeugung.

Weil es immer heißt, erst nach drei Wochen oder fünf Monaten.

Du kannst davon ausgehen, dass es unmittelbar bei der Zeugung der Fall ist. In dem Moment, wenn eine Befruchtung stattgefunden hat, kann man von einer Seele, einer Wesenheit sprechen.

Hier sind wir schon bei der Problematik Abtreibung.

Nun, es ist eine Problematik, die euch Menschen sehr stark beschäftigt, die wir Lehrer von einer anderen Warte aus betrachten.

Ist es eine Tötung, ist es Mord? Wie sollen wir damit umgehen?

Weißt du, für den Menschen gibt es viele Probleme. Und wenn keine vorhanden sind, dann macht er sich welche. Die Abtreibung sehen wir Lehrer aus einem anderen Blickwinkel. Die Wesenheit, die inkarniert, entscheidet selbst, in welchen Körper sie geht, wie lange sie in diesem Körper bleiben möchte, ob sie schlussendlich wirklich und wahrhaftig den Weg der Inkarnation antritt. Es gibt viele Faktoren, die dem Menschen nicht bekannt sind. Und deshalb spricht er von Tötung.

Schau, es besteht die Möglichkeit, dass diese Wesenheit, die inkarnieren will, nur für einen bestimmten Zeitraum diese Erfahrung braucht, um dann wieder wegzugehen. Wann und wie sich die Seele entfernt, entscheidet sie selbst. Ob das nun auf eine natürliche Weise, wie es der Mensch bezeichnen würde, oder durch eine Abtreibung geschieht, das ist in diesem Moment nicht der ausschlaggebende Faktor. Entscheidend ist, dass die Seele selbst entscheidet, welchen Weg sie wählt. Ich weiß, dass dies für die Menschen schwierig zu verstehen ist, aber es ist so. Außerdem besteht immer eine Wechselbeziehung zwischen diesen beiden Wesenheiten. Das können auch Gründe sein, die aus vergangenen Inkarnationen stammen.

Das Problem, von dem ich vorher gesprochen habe, liegt in der Schuldfrage. Die Menschen sagen: Du sollst nicht töten. Wo liegt da die Grenze? Wann kann man sagen, dass eine Abtreibung gerechtfertigt ist?

Ich möchte das aufgreifen: Die Menschen sagen, du sollst nicht töten. Das tun sie nur aus dem Grund, weil sie nicht wissen, was Tod wirklich bedeutet. Es ist ihnen in ihrer begrenzten Sichtweise nur teilweise klar, was Tod heißt. Für die meisten jetzt inkarnierten Wesenheiten ist Tod etwas Endgültiges. Doch in Wirklichkeit ist er nur eine Übergangsphase in eine andere Welt. Solange der Mensch den Tod nicht wirklich in seiner Wesenheit erkennt, wird er Schwierigkeiten haben, das zu verstehen, was ich oben als eine Erklärung angeführt habe, die ich als sehr wichtig erachte.

Ich denke, man kann das auch noch in Beziehung mit dem Begriff ›Karma‹ bringen – weil die Menschen glauben, sie hätten sich Karma aufgeladen, wenn sie ein Kind abtreiben.

Was heißt Karma? Es gibt so viele Begriffe, die nicht richtig erklärt werden. Karma ist für mich das Gesetz von Ursache und Wirkung. Es ist etwas, das ich einmal erlebt habe und das ich jetzt zum Zeitpunkt dieses Erlebnis – nun, ich würde sagen, erledigen möchte, indem ich es noch einmal konfrontiere. Sei es nun bewusst in einem realen Erlebnis in meinem Alltag oder durch den Umstand, dass ich das ursächliche Muster, das dieser Vorstellung zugrunde liegt, auflöse. Ich weiß, dass es viele Menschen gibt, die dazu neigen, das Wort ›Karma‹ als Entschuldigung zu benutzen. Aber das trifft nicht die Sache.

Könntest du noch etwas zu der Problematik der Depressionen sagen, die viele Frauen haben, wenn sie ein Kind abgetrieben haben? Es heißt doch immer, dass dann sozusagen noch die Seele bei der Mutter ist.

Zunächst einmal möchte ich berichten, dass es sich hier nicht – keineswegs! – um die Seele handelt, sondern nur um den Energiekörper, der noch verhaftet und an gewisse Vorstellungen gebunden ist. Natürlich besteht diese Möglichkeit. So etwas geschieht. Doch meistens ist es so, dass die Schuldgefühle aus dem Satz »Du sollst nicht töten!« herrühren, und dass die Frau diese Schuldgefühle als Gedankenformen aussendet, die sie dann selbst in die Depression führen. Das ist ein sehr wichtiger Faktor und sollte nicht unterschätzt werden. Weißt du, dass die Aussage »Du sollst nicht töten!« auf die Religionen zurückgeht, die die Menschen durch ihr Machtstreben mit solchen Dogmen konfrontiert haben? Daraus sind viele Schuldgefühle entstanden. Es ist die Angst der Menschen, einen Fehler begangen zu haben, den ihm niemals jemand verzeiht.

Hat ein Embryo auch schon alle Körper: Emotionalkörper, spiritueller Körper und so weiter?

Meine Aussage war die, dass ein Embryo bereits Seele ist, und die Seele umfasst alles – so ist es natürlich der Fall, dass alle feinstofflichen Bereiche bereits da sind.

Vywamus: Wie, meinst du, sollten die Menschen mit dem Tod umgehen?
Nun, es ist nicht entscheidend, was ich meine. Es ist entscheidend, wie die Realität aussieht.

Du meinst die Realität, die jetzt ist, wie die Menschen den Tod jetzt sehen?

Ja, genau.

Nun, ich denke, der Tod wird zurzeit hauptsächlich aus dem Blickwinkel der Angst gesehen.

Und weißt du, warum dies der Fall ist? Weil diese Angst in verschiedenen Religionen auf die Menschen projiziert wurde, um sie gefügig zu machen.

Das heißt, die Wurzel des Übels liegt zurzeit bei den noch bestehenden Religionen?

Ich möchte es nicht nur auf die Religionen schieben. Ich möchte niemandem eine Schuldzuweisung geben. Ich könnte genauso gut sagen, dass es hier wieder einmal an der Problematik der Eigenverantwortlichkeit scheitert – selbst zu entscheiden, was für mich persönlich wirklich die Wahrheit ist, und mich nicht von anderen Dingen, Menschen und Institutionen beeinflussen zu lassen.

Was geschieht genau beim Sterben? Könntest du das näher erläutern? Und wer entscheidet überhaupt, ›wann gestorben wird‹?

Nun, das ist eine gute Frage. Der physische Körper ist es sicherlich nicht. Es ist die Seele, die entscheidet, wann eine Inkarnation beendet wird. Ob nun das Ziel des Lernprozesses erreicht ist oder nicht, die Seele ist allein diejenige, die den Rückzug antritt. Das bedeutet, dass sie sich mit ihrer Energie nicht nur aus dem physischen Körper zurückzieht, sondern zugleich alle feinstofflichen Bereiche in sich aufnimmt. Es dauert in der Regel mehrere Tage, bis dieser Prozess abgeschlossen ist. Was übrig bleibt, ist der physische Körper und das ätherische Doppel. Das ist nicht immer der Fall — es kommt darauf an, um welche Person es sich handelt, inwieweit die betreffende Person Bewusstsein in dieser Inkarnation erlangt hat.

Ist das immer so, auch bei einem Unfall, bei einem plötzlichen Tod, dass die Seele das entscheidet?

So ist es. Jede Entscheidung, die mit einem Ableben zu tun hat, wird von der Seele in dem Moment entschieden.

Hat es auch eine Bedeutung, dass es manchmal so schmerzhaft sein muss?

Was genau meinst du mit ›schmerzhaft‹?

Einen schmerzhaften Tod, wenn man zum Beispiel von einem Tier gefressen wird.

Nun, das ist in dieser Zeit nicht mehr die Regel. Man wird höchstens vom Krebs gefressen. Die Ursache des Todes setzt sich aus dem Leben zusammen, aus dem, was du gelebt hast. Im Grunde genommen steht die Ursache des Todes bei Anbeginn fest.

Du meinst, bei der Geburt?

Schon vorher, bevor du inkarnierst.

Wie ist dann das zu verstehen, dass du gesagt hast, die Ursache setzt sich aus dem zusammen, wie du gelebt hast?

Das setzt sich aus dem zusammen, wie du deinen Lernprozess gemeistert hast, den du dir für die jeweilige Inkarnation vorgenommen hast.

Das verstehe ich jetzt nicht.

Nun, zum Beispiel, wenn du einen Pattern (Anmerkung: Erklärung siehe Seite 206) hast, der dich mit Leiden in Verbindung bringt, und du der Meinung bist, dass du diesen Pattern noch nicht voll und ganz ausgeschöpft hast, dann könnte dein Tod aufgrund dieses Musters schmerzhaft sein. Es kommt darauf an, inwieweit du dieses Muster gelöst hast oder nicht.

Wenn ich also dieses Muster in der betreffenden Inkarnation voll auflösen kann, dann brauche ich ja nicht mehr zu leiden. Dann wird doch auch die Todesart anders ausfallen.

So ist es. Es ist eine Sache des Bewusstseins. Je nachdem, wie viel Bewusstsein ich in einer Inkarnation erreicht habe, wird auch mein Tod sein. Die Ursache oder der Sterbevorgang setzt sich aus einer Summe von unterschiedlichen Mustern zusammen, die ich mir in einer Inkarnation zu lösen vorgenommen habe. Und je nachdem, wie viel ich gelöst habe, wird auch mein Tod sein.

Nun, für mich passt das nicht ganz mit dem zusammen, was du vorher ge-

sagt hast, dass die Art des Todes schon feststeht, bevor ich überhaupt hierher inkarniere.

Nun, das ist doch vollkommen logisch. Bevor du inkarnierst, steht dein Leben in einer gewissen Art und Weise fest. Aufgrund der Muster, die du mitbringst, muss das Umfeld dementsprechend sein. Wie du dann mit diesen Pattern umgehst, ob du sie erledigst oder auch nicht, das obliegt dir selbst und ist eine Sache des Bewusstseins. Verstehst du nun, was ich gemeint habe?

Ja. Und diese Muster – bringe ich immer neue Muster mit, aus der Seele zum Beispiel, die ich noch nicht bewältigt habe?

Nun, ich würde nicht sagen, neue Muster. Es gibt einfach Muster, die sehr schwerwiegend sind, für die der Mensch mehrere Anläufe braucht, um sie zu erledigen. Und diese Muster zeigen sich dann in unterschiedlichen Gesichtern.

Ich habe das so gemeint, dass sozusagen die Seele immer neu programmiert wird.

Die Seele wird nicht programmiert. Die Seele setzt die unterschiedlichen feinstofflichen Bereiche zusammen. Das tut sie für jede Inkarnation neu. Wobei es nicht heißt, dass neue Muster hinzukommen. Vielmehr ist es der Fall, dass an Mustern gearbeitet wird, die in vorhergehenden Inkarnationen bereits bearbeitet wurden.

Mit ›neue Muster‹ habe ich gemeint: Unterschiedliche Muster, die einfach noch nicht bewältigt sind.

So ist es, das ist richtig.

Wann ist es dann so weit, dass eine Seele keine weitere Inkarnation mehr braucht?

Sobald die Seele sieht, dass von diesen Mustern, die aus vielen Inkarnationen zusammengetragen wurden, keines mehr übrig ist. Du kannst dir sicherlich vorstellen, dass es mehrere Leben braucht, bis es so weit ist, bis die Seele wieder in die Quelle zurückkehrt. Dann ist der Kreislauf beendet. Wobei ich hier gleich anfügen möchte, dass die Seele freiwillig auf die Erde kommt, sich einen physischen Körper erschafft, um sich hier auszudrücken, um diesen Lernprozess einzugehen. Das tut sie so lange, bis der Kreislauf geschlossen ist und sie wieder in die Quelle zurückkehren kann.

Im Buddhismus gibt es eine Tradition. Da gibt es Menschen oder Priester oder Lehrer – wie auch immer man sie bezeichnet–, die vorgeben, ein Versprechen geleistet zu haben, solange auf der Erde zu bleiben, bis der letzte Mensch gegangen ist. Kann der Mensch überhaupt so ein Versprechen machen?

Ich würde das als eine mentale Programmierung bezeichnen, die verheerende Folgen haben kann.

Das heißt, es kann dann wirklich so sein?

Es ist ein großes Muster, das wiederum seine Wurzel in einer religiösen Vorstellung hat. Es gibt so viele Religionsfanatiker, die nicht nur materiell hier auf der Erde inkarniert sind, sondern die teilweise sehr stark die feinstofflichen Bereiche der Erde verstopfen. Ich spreche hier von Astralwesen. Vor allen Dingen diejenigen, die als Religionsfanatiker inkarniert waren und dann gestorben sind, sind sehr hartnäckig. Genauso wie sie gelebt haben, genauso sterben sie – mit demselben Bewusstsein – und halten fest an Dingen, von denen sie glauben, dass sie wirklich Realität sind, obwohl das niemals der Fall sein wird.

Inwieweit wirken sich diese so genannten Astralwesen auf die Erde und auf die Menschen aus? Ich meine jetzt im Sinne von Beeinflussung.

Zunächst einmal ist es so, dass diese Astralwesen den Energiefluss stören, der vom Kosmos auf die Erde hernieder kommt, weil sie sich wie zäher Schleim in den feinstofflichen Bereichen der Erde aufhalten. Zum anderen ist es so, dass sie versuchen, die noch ›lebenden‹ Menschen zu beeinflussen. Sie wollen, dass die Menschen in ihren physischen Körpern für sie weiter das tun sollen, was in ihrer Vorstellung existent war und noch immer ist. Sie versuchen den Menschen zu beeinflussen. Es sind viel zu viele hier auf diesem Planeten. Weitaus mehr, als es momentan Menschen auf der Erde gibt.

Woher kommen diese Astralwesen?
Das sagte ich bereits. Es sind energetische Teilbereiche von Menschen, die verstorben sind, aber nicht wahrhaben wollen – aus irgendwelchen Vorstellungen heraus –, dass sie tot sind. Die Seele hat sich zurückgezogen mit den Informationen der feinstofflichen Körper. Nur der Energiekörper, das ätherische Doppel, ist übrig geblieben. Und das ist das, was man als Astralwesen bezeichnen kann. Und dieses Astralwesen, dieser Energiekörper, wird gespeist durch die Gedankenkraft, durch die Kraft einer Vorstellung, die diese Wesenheit hatte, als sie gestorben ist. Das bedeutet wiederum, dass ein Astralwesen aufgrund des Bewusstseins hier auf der Erde verhaftet ist, mit dem es gestorben ist.

Das heißt, ein Astralwesen, wenn es nicht selbst zur Erkenntnis kommt, kann mehrere Millionen Jahre alt sein? Gibt es so etwas?

Warum nicht? Ich kenne sie nicht alle. Das kommt darauf an, wie hartnäckig so eine Wesenheit an einer Vorstellung festhält. Wobei ich hinzufügen muss, dass es viele Engelwesen gibt, die speziell dazu da sind, diese Energien zu transformieren. Das bedeutet, dass die Energiekörper dieser Wesenheiten zum Beispiel für die Erde, für die Menschheit, in brauchbare und nahrhafte Energie umgewandelt werden. Denn das, was wirklich die Wesenheit ausgemacht hat, die feinstofflichen Körper, sind wieder in der Seele. Sie wurden zurückgenommen. Das, was ein Astralwesen ausmacht, ist eine fixe Idee, eine Vorstellung, eine Gedankenform.

Warum ist es so schwierig, diese Gedankenformen, sprich den Energiekörper, aufzulösen? Es müsste doch für die Lehrer ein Leichtes sein, diese Energieformen aufzulösen.

Das ist zum einen nicht unsere Aufgabe. Zum anderen gehören diese Astralwesen zum Plan der Erde als gewisser Teil. Wobei ich anfügen möchte, dass der Mensch ja seit Anbeginn einen freien Willen bekommen hat.

In welchen feinstofflichen Bereichen der Erde sind diese Astralwesen – im Emotionalkörper, im Mentalkörper oder im Energiekörper?

Du kannst es als ersten Ring der Erde bezeichnen, den ich als Energiekörper sehen würde.

Wie groß ist der Einfluss der Astralwesen auf die Menschheit?

So groß, wie die Menschheit es zulässt.

Können wir Menschen auch etwas tun – den Engeln zum Beispiel behilflich sein, diese Energieformen aufzulösen? Was können oder sollten wir überhaupt tun, ohne Gefahr zu laufen, überfordert zu werden?

Das Wichtigste ist, das Bewusstsein so zu erweitern, dass man nicht selbst ein Astralwesen wird. Zudem ist meines Erachtens eine spezielle Ausbildung dafür notwendig, mit diesen Wesen umzugehen. Deshalb möchte ich hier keine halbseidenen Ratschläge geben, die vielleicht nicht gerade produktiv für so manche Leser wären.

Ich habe schon öfter gehört, dass Menschen dazu in Büchern oder auch in so genannten Ausbildungen angeregt werden, diese Wesen aufzulösen oder ihnen behilflich zu sein, ins Licht zu gehen – und dann selbst mit diesen Wesen konfrontiert werden und von diesen Wesen beeinflusst werden.

Das ist die Regel, weil diese Ausbildungen meist nicht ausreichen. Es braucht von jeder Person, die mit Astralwesen arbeiten will und sie transformieren möchte, sehr viel Stabilität, sehr viel Bewusstsein und Erfahrung.

Vywamus, Menschen können von Astralwesen beeinflusst werden. Wie bemerkt ein Mensch, dass er von einem Astralwesen beeinflusst wird?

Weißt du, das ist eine Sache der Aufmerksamkeit, die er sich selbst schenkt. Je mehr ein Mensch sich seiner selbst bewusst ist, desto mehr wird er fühlen, dass Gedanken um ihn sind, die nicht von ihm selbst stammen. Denn die Beeinflussung von Astralwesen geht in erster Linie über die Gedankenkraft.

Also über den Mentalkörper.

Ja.

Kann ich mich davor schützen?

Das kannst du tun, indem du bewusst in dir bist. Indem du deine eigene Wesenheit dementsprechend erweiterst. Das bedeutet, dass sich deine Wahrnehmung steigern muss, um zu erkennen, was da ist, was dich beeinflusst.

Was ich noch als wichtigen Faktor in Bezug auf die Beeinflussung anfügen möchte, ist, dass manche Menschen eine Beeinflussung zum Beispiel in Form einer Krankheit fühlen, welche die verstorbene Wesenheit, die den lebenden Menschen jetzt beeinflussen will oder wird, in ihrer physischen Inkarnation hatte. Dass der Mensch dann Symptome dieser Krankheit fühlt …

… aber die Krankheit selber eigentlich nicht hat.

Ja. Er fühlt nur die Symptome. Es gibt viele Menschen auf diesem Planeten, die Krankheiten haben, die im physischen Körper nicht lokalisiert werden können, weil sie durch eine Beeinflussung von außerhalb entstehen. Es ist wie eine Energieübertragung, die in diesem Moment stattfindet.

Kann sich das dann so weit ausweiten, dass der Mensch am Ende zum Beispiel schizophren wird oder in seinem Bewusstsein gespalten?

Ja. Das ist richtig.

Sollte man das nicht ein bisschen näher ausführen – oder zu einem späteren Zeitpunkt –, was die Bewusstseinsspaltung oder Schizophrenie anbelangt?

Ich möchte das auf einen anderen Zeitpunkt verschieben, weil es nicht mit einigen Sätzen abgetan ist, das zu erklären. Es kann auch andere Ursachen haben.

Vywamus, inwieweit ist es sinnvoll, mit Verstorbenen Kontakt aufzunehmen – zum Beispiel mit verschiedenen Hilfsmitteln wie Tischerücken, Pendeln etc.?

Nun, es ist überhaupt nicht sinnvoll. Wenn jemand stirbt, dann braucht er die – sagen wir – erste Zeit, um sich zurechtzufinden, um durch unterschiedliche Ebenen zu gehen. Ebenen, die ihn mit Dingen konfrontieren, die er in der letzten Inkarnation erlebt hat. Es ist eine Zeit der Ordnung, eine Zeit der Ruhe, je nachdem, wie der Tod verlaufen ist. Jede Beeinflussung oder jedes Zurückholen kann für dieses Wesen schlimme Folgen haben, die es zum Beispiel zum Astralwesen werden lässt. Die Hinterbliebenen sind oftmals diejenigen, die durch ihre Trauer die Menschen festhalten. Wobei ich nicht gegen Trauer bin – sie ist etwas Natürliches und Wichtiges, und jeder Mensch empfindet Trauer, wenn in seinem näheren Umfeld jemand stirbt, den er sehr geliebt hat. Doch jede Trauer sollte ihr Ende haben, sollte auch die Möglichkeit in sich bergen, den anderen loszulassen, ihm die Chance zur Weiterentwicklung zu geben, ihn nicht festzuhalten.

In dem Moment, in dem sich die Sichtweise in Bezug auf den Tod verändern wird, wird es auf der Erde auch weniger Astralwesen geben. Momentan ist es einfach so, dass diese Astralwesen da sind, um dem Menschen aufzuzeigen, dass er in seinem Bewusstwerdungsprozess noch nicht das erreicht hat, was notwendig wäre, damit es keine Astralwesen mehr gibt.

Um noch einmal auf die Frage zurückzukommen: Ist es für die Menschen nicht gefährlich, beeinflusst zu werden, wenn sie mit Verstorbenen Kontakt aufnehmen?

Natürlich ist es gefährlich. Denn diese Wesenheiten, die sich oftmals freiwillig melden, suchen ja jemanden, mit dem sie kommunizieren können, der sich zur Verfügung stellt, um ihr ›Leben‹ zu verlängern. Es ist nicht förderlich, das zu tun – im Gegenteil.

Wenn ich jetzt Kontakt mit einer Wesenheit aufnehme, die für mich nicht sichtbar ist – wir nehmen hier ja auch mit dir Kontakt auf via Christine …

Du möchtest wissen, wie du das unterscheiden kannst.

Ja. Wie kann ich es zuverlässig unterscheiden?

Ich, Vywamus, bin sicherlich kein Astralwesen.

Das leuchtet mir aufgrund deiner Antworten ein.

Wobei wir bei der Beantwortung deiner Frage wären. Schau, in dem Moment, in dem du mit einem Wesen Kontakt hast, das sagen wir einmal vor zwei Jahren verstorben ist und als Astralwesen hier auf diesem Planeten existiert, und das mit dem Bewusstsein gestorben ist, das es in seiner Inkarnation hatte, wirst du nicht sehr viele Informationen von dieser Wesenheit bekommen. Zudem, wenn du sensibel genug bist, kannst du allein durch die Energie unterscheiden, dass es sich mit Sicherheit nicht um einen Lehrer der spirituellen Ebene handelt. Vor allen Dingen sind diese Wesenheiten, die Astralwesen, vielmehr an egoistischen Dingen interessiert, was bei einem Lehrer niemals der Fall sein würde.

Man hört immer wieder, dass Menschen, die durch unterschiedliche Techniken mit Verstorbenen in Kontakt treten, im Nachhinein energetisch ausgelaugt sind. Wie kannst du das erklären?

Das ist ganz einfach. Astralwesen brauchen Energie. Und sie holen sich diese Energie über die Lebenskraft von demjenigen, mit dem sie in Verbindung stehen.

Das heißt, dass diesen Menschen die Energie im Prinzip über Gedanken entzogen wird. Denn die Beeinflussung erfolgt ja über Gedanken.

Gedanken sind Energie. In dem Moment, in dem du einen Gedanken aussendest, wird er ankommen. Jeder Gedanke beinhaltet eine Information. Entscheidend ist die Information, die der Gedanke enthält.

Das heißt, ich muss sehr aufpassen, welche Gedanken ich habe?

Nun, das wäre eine Grundvoraussetzung für die Menschheit überhaupt: sich bewusst zu werden, was Gedanken bewirken können. Welche Kraft sie besitzen. Wie ich durch Gedanken manipulieren kann. Im Positiven wie im Negativen.

Wie unterscheiden sich Gedankenformen von diesen Astralwesen? Gedankenformen können doch auch sehr massiv sein, sehr ...

Im Grunde genommen gibt es hier für den Menschen keine direkte Unterscheidung, außer er sieht die feinstofflichen Bereiche. Dann hat er die Möglichkeit, sehr schnell zu unterscheiden, ob es sich um eine reine Gedankenkraft – ein so genanntes Elemental – handelt oder um ein Astralwesen.

Ist es auch für uns möglich, diese Gedankenformen zu transformieren?

Das tust du, indem du ›Pattern‹ auflöst (s. Seite 206)

Gedanken sind ja an sich wertfrei. Es gibt sie einfach, und sie sind da. Wonach unterscheide ich jetzt, ob ein Gedanke für mich förderlich oder weniger förderlich ist? Welches Kriterium wende ich dafür an?

Nun, dazu kann ich dir keine Patentlösung anbieten. Das musst du selbst entscheiden. Dafür hast du einen freien Willen bekommen.

Anders ausgedrückt: Die Motivation der Handlung.

Die Motivation der Handlung liegt auch wieder in dir selbst. Jeder

Mensch kennt die Motivation seiner Handlung und entscheidet aus dieser Motivation heraus, ob er etwas tut oder nicht.

4

Hier bin ich, Vywamus. Ich freue mich sehr, über das nun folgende Thema sprechen zu dürfen, weil ich sehr genau weiß, dass viele Menschen sich mit diesem Thema beschäftigen und oftmals dadurch belastet sind. Aus diesem Grund freue ich mich über die Fragen, die kommen werden. Ihr könnt sie jetzt stellen.

Vywamus, was kannst du uns generell zum Stichwort ›Religionen‹ sagen?

Nun, Religionen sind entstanden aus dem Grund, dass der Mensch sich erhofft hat, dadurch wieder die Verbindung zum Ursprung herzustellen. Die Menschheit hat sich sozusagen an die Religionen geklammert, weil sie die Verbindung zur Quelle verloren hat – so hat sie geglaubt. Die Menschen haben sich erhofft, dass Religionen ihnen die Verantwortung abnehmen, dass sie dann geführt werden, dass ihnen offenbart wird, wie sie die Verbindung zur Quelle wieder herstellen. Sie haben sich selbst Götter geschaffen, weil sie nicht an sich selbst geglaubt haben. Die Göttlichkeit in ihnen wurde zur Seite gerückt und nach außen projiziert. So entstand der ›Gott‹, den sie heute noch anbeten im Außen, weil sie den Blick nach innen verloren haben.

Vywamus, kannst du uns etwas über die heute bei uns vorherrschende Religion, das Christentum der katholischen Kirche, sagen?

Bevor ich diese Frage beantworte, möchte ich noch einmal auf eine mir sehr wichtige Frage zurückkommen: die Entstehung der Religionen. Ich habe bereits kurz angesprochen, dass sich die Menschheit von ihrem Ursprung entfernt hat. Es hat lange vom Anbeginn des

Menschseins hier auf diesem Planeten gedauert, bis die Menschen die Religion erfunden haben. Erfunden bedeutet für mich: sie haben sie im Außen entdeckt. Als die Polarität auf der Erde vorherrschend war – was ja nicht zu Anbeginn der Fall war (was später noch einmal zur Sprache kommt) –, ging es bei den Menschen darum: Wer ist der Bessere oder der Schlechtere?

Inwieweit herrscht das göttliche Prinzip im Menschen vor? Und die Menschen haben durch die Polarität entdeckt, dass es Unterschiede gibt. Aus diesem Grund haben sie die Religion erfunden. Es musste etwas geben, was außerhalb von ihnen selbst war, das sie anbeten konnten. Etwas, mit dem sie ihre Geheimnisse teilen konnten. Etwas, was ihnen Hoffnung gibt. Und etwas, was ihnen ihr Mensch-Sein verzeiht – ihre sogenannten Verfehlungen, dass sie nicht immer lieb und gut zu ihren Mitmenschen waren. Sie brauchten einen Halt, eine Brücke zur Quelle. Die Religion ist hauptsächlich aus dem Grund entstanden, dass der Mensch keine Verantwortung mehr für sich selbst, für sein Tun und Handeln, übernehmen wollte. Der Mensch wollte eine übergeordnete Instanz, die ihm alles verzeiht, was er tut. Religion ist ein Weggehen von der Göttlichkeit in sich selbst. Das wollte ich zur ersten Frage noch hinzufügen.

Und nun zu deiner Frage in Bezug auf die katholische Kirche. Ich sehe diese Institution momentan so wie einen Industriekomplex, der viele Filialen auf der ganzen Welt errichtet und sehr viel Macht und Einfluss hat. Die katholische Kirche hat mit dem, was sie sagt, nicht das Geringste zu tun; es besteht ein Unterschied zwischen Aussagen und Handlungen. Diese Institution wird vergehen, je mehr die Menschheit sich bewusst ist, wie sie sich an einen Machtkomplex ausliefert, der nicht hält, was er verspricht. Er unterjocht die Menschen, nimmt ihnen alles, was ihnen geblieben ist, und verspricht Dinge, die die meisten nicht mehr glauben können, wenn sie sich überhaupt je mit ihnen auseinandergesetzt haben. Je bewusster die Menschheit wird, desto mehr wird sie das, was aus dieser Institution kommt, anzweifeln. Und je mehr das Bewusstsein wächst, desto mehr werden die Menschen sich davon distanzieren. Was auch gut und richtig ist, denn es geht doch darum, das Mensch-Sein, das göttliche Prinzip in sich zu entdecken, und nicht darum, den Gott im Außen zu suchen.

Vywamus, ich möchte dir eine Frage stellen zu dem sogenannten Begründer dieser Religion, zu Jesus. Wer war dieser Jesus wirklich?

Nun, vorweg möchte ich sagen, dass das, was bisher von Jesus bekannt ist, nicht der Wahrheit entspricht. Es sind kleine Dinge, die man eventuell als Wahrheit bezeichnen könnte. Doch grundsätzlich wurde die Figur, wenn ich es so nennen darf, die Figur Jesus, missbraucht, um die Menschheit zu unterjochen. Besonders von der katholischen Kirche, deren Glauben auf Jesus basiert.
Jesus ist eine Wesenheit, die bereits mehrmals auf der Erde war und verschiedene Funktionen erfüllt hat, verschiedene Aufgaben und Energien auf die Erde gebracht hat. Seine letzte Inkarnation war die, auf die sich die katholische Kirche stützt und ihre Lehre aufgebaut hat. Jesus war eine Wesenheit, die, eingetaucht in die Polarität, hin- und hergerissen war. Er vergaß ebenso wie alle anderen Menschen seine Aufgabe, also das, was er hier auf der Erde tun sollte. Er hat ebenso Hochs und Tiefs erlebt wie jeder andere Mensch. Er wurde ziemlich früh mit anderen Wesenheiten konfrontiert, die nicht körperlich sind und die durch ihn gesprochen haben. Heute würde man ihn als ›Channel‹ bezeichnen. Diese Wesenheiten haben Jesus auf seine Aufgabe hingewiesen und vorbereitet. Es war nicht leicht für ihn, das zu übernehmen, was er tun sollte: den Aspekt der Liebe wieder in der Erde zu verankern. Das ist schon mehrmals vor seiner Zeit geschehen. Er hat sich nicht geweigert, das zu tun – im Gegenteil. Doch musste er selbst in seiner Entwicklungsphase einige Lernprozesse durchlaufen, bevor er so weit war, sich voll und ganz als Kanal für die Energie der Quelle zur Verfügung zu stellen. Er war nicht der liebenswerte, passive Typ, wie er in der Bibel dargestellt wurde. In der Zeit, als Jesus lebte, gab es in politischer Hinsicht sehr viele Turbu-

lenzen, und er hatte damals klar und deutlich seinen Standpunkt dargelegt. Er war auch politisch aktiv, sogar sehr aktiv. Er war keineswegs der geduldige, leise Mann, wie ihn die katholische Kirche darstellt.

Was war seine eigentliche Aufgabe?

Das sagte ich bereits: Den Aspekt der Liebe in die Erde hineinzusenken, zu verankern. Der Aspekt der Liebe, um das noch einmal zu erklären, wurde von den Menschen vergessen, er wurde verdrängt. Zur damaligen Zeit herrschte sehr viel Gewalt auf der Erde, sehr viel Unterdrückung. Macht und Autorität waren das beherrschende Prinzip. Es gab sehr viel Leid. Es war keine Zeit, in der die Menschen glücklich waren und sich entfalten konnten. Die Schwächeren wurden ausgebeutet, lieblos behandelt und gequält. Es war wieder einmal an der Zeit, etwas auf der Erde zu verändern. Deshalb hat sich Jesus mit seinen Qualitäten zur Verfügung gestellt, etwas zu verändern, um die Menschen aufzurütteln.

Warum hat ausgerechnet dieser Jesus eine solche Wirkung auf die Menschheit gehabt?

Nun, das kommt daher, dass er der letzte Meister war, den die Menschen kennen. Es hat vor ihm andere Meister gegeben, die eine ähnliche Aufgabe hatten wie er. Doch dies wurde nicht überliefert. Das von Jesus ist »festgehalten« worden. Aus diesem Grund hatte er die Wirkung auf die Menschen und hat sie immer noch. Vor allen Dingen ist ausschlaggebend, dass ein Bild von Jesus weitergegeben wurde und noch weitergegeben wird, das nicht der Wahrheit entspricht. Dieses Bild hat insofern einen Einfluss auf die Menschheit, dass der Mensch glaubt, niemals das Idealbild Jesus sein und leben zu können. Außerdem hält dieses Bild aufrecht, dass der Mensch nicht gut ist, dass das, was in ihm schlummert, böse sei. Es wird immer wieder und wieder gesagt, dass Jesus, der »Sohn Gottes«, die Heiligkeit und

Unfehlbarkeit hier auf diesem Planeten dargestellt hat. Und das entspricht keineswegs der Wahrheit. Er hatte ebenso mit Zweifeln zu kämpfen wie jeder Mensch. Er wurde mit allen Dingen des Mensch-Seins hier auf der Erde innerhalb der Polarität konfrontiert. Dies wird ein Faktor sein, der der Menschheit übermittelt werden wird.

Wie übermittelt, und von wem?

Nun, das steht jetzt nicht zur Debatte. Ausschlaggebend wird sein, dass das Bild, das bisher aufrechterhalten wurde, vorzugsweise von der katholischen Kirche, zusammenbrechen wird. Dass sich herausstellen wird, dass Jesus mit allem Mensch-Sein auf der Erde gelebt hat. Dass das Bild, das von ihm gegeben wurde, nicht der Wahrheit entspricht.

Was war dann Sinn und Zweck der Kreuzigung beziehungsweise der Auferstehung? Kannst du das näher erläutern?

Dazu möchte ich nur sagen, dass Jesus nicht am Kreuz gestorben ist. Der letzte Teil seiner Aufgabe, als er gekreuzigt wurde, war in diesem Moment die Liebe der Quelle auf die Erde zu bringen. Er hat in diesem Moment als Kanal fungiert.

War dazu eine Kreuzigung notwendig, oder hatte das noch einen tieferen Sinn?

Du kannst es als Ritual sehen. Es war so gemeint: Die Kreuzigung, der Tod von Jesus, sollte der Tod der Liebe auf diesem Planeten sein. Eine Demonstration, dass Macht und Autorität über die Liebe gesiegt haben. Das war der symbolische Hintergrund, auf dem diese Kreuzigung stattfand. In Wirklichkeit war es die Verankerung der Liebe auf diesem Planeten. Nur haben das die Menschen nicht erkannt. Wenn ich dir sage, dass Jesus nicht am Kreuz gestorben ist, dann ist das

Thema Auferstehung kein Thema mehr. Denn mit der Auferstehung wollten die Überlieferer, die die Geschichte von Jesus aufgeschrieben haben, verdeutlichen, dass es einem Menschen niemals gelingen kann, vom Tode aufzuerstehen. Dass dies nur einem Gott vorbehalten ist. Was bedeutet, dass die Göttlichkeit im Menschen nicht existiert, nur außerhalb des Menschen. Das ist auch das Prinzip, auf das die katholische Kirche unter anderem baut: dem Menschen seine Göttlichkeit abzusprechen. Dazu diente Jesus als Beispiel.

Wie hat Jesus dann weitergelebt nach seiner Kreuzigung?

Darüber möchte ich jetzt nichts sagen. Es ist auch nicht interessant.

Welche Bedeutung hatten die Apostel, besonders die Zahl 12?

Die Apostel waren, ich möchte fast sagen, Mitglieder, die einer gewissen politischen Gruppe angehörten. Und es war nur ein kleiner Teil. Es waren weitaus mehr als 12. Diese 12 wurden von den Überlieferern ausgesucht, die geglaubt haben, dass diese Menschen Jesus besonders nahe waren. Es hat keine große Bedeutung.

Wie ist das mit dem Verrat von Judas? Ist das wirklich geschehen, oder sollte man das mehr symbolisch sehen?

Nun, der Verrat von Judas hat einen politischen Hintergrund. Es ging damals um politische Dinge. Die Meinungen gingen auseinander. Jesus hatte andere Vorstellungen als Judas. Judas hat zum Beispiel nicht Jesus als den Sohn Gottes verraten, sondern als einen aufständischen Rebellen, der gegen die Regierung agiert hat. So entspricht es mehr der Wahrheit.

In welcher Beziehung standen Jesus und Johannes der Täufer?

Jesus und Johannes der Täufer hatten dieselben politischen Interessen. Sie waren sehr eng miteinander verbunden. Ihre Aufgabe war es, gemeinsam an dem Projekt zu arbeiten, von dem ich eingangs gesprochen habe. Johannes der Täufer hat Jesus in bestimmten Meditationstechniken unterwiesen. Er hat ihm geholfen, wirklicher Kanal für die Energien der Quelle zu sein.

Hat Jesus noch anderen Unterricht bekommen? Es wird zum Beispiel geschrieben, er sei angeblich in den Pyramiden gewesen und hätte dort Unterricht bekommen. Stimmt das?

Jesus hat sich in viele Techniken einweihen lassen, wenn ich das so sagen darf. Er war bei verschiedenen Meistern, menschlichen Meistern, die ihn in verschiedenen Techniken der Konzentration, der Meditation, der Körperbeherrschung und des Freifließens von Energien, des konzentrierten Einsetzens von Energien unterwiesen hatten. Er war zu dem Zeitpunkt der Kreuzigung ein Meister, ein wirklicher Meister der Beherrschung dieser Energien, seiner Energien auf der Erde. Er war in der Lage, zu materialisieren und zu dematerialisieren. Er hat zum damaligen Zeitpunkt dargestellt, wozu ein Mensch fähig ist, wenn er das göttliche Prinzip in sich lebt. Er war der sichtbare Beweis dafür.

Gibt es zu diesem Thema noch etwas hinzuzufügen? Etwas, das wir momentan nicht sehen? Das für die Menschheit wichtig und im Sinne der Aufklärung wäre?

Im Sinne der Aufklärung ist wichtig für die gesamte Menschheit, dass sie all das, was sie bisher von Jesus weiß, vergisst und stattdessen versucht, Jesus als Mensch zu sehen, der versucht hat, der Menschheit die Göttlichkeit wiederzubringen. Der ein sichtbarer Beweis war, wozu ein Mensch fähig ist. Das ist eigentlich der Sinn und Zweck dieses gesamten Kapitels: Dass der Mensch aus seiner Lethargie erwacht und nicht etwas anbetet, was er noch nie in sich selbst entdeckt hat, von dem er immer wieder glaubt, dass es im Außen ist, aber nicht in ihm selbst. Ich frage euch: Warum bete ich einen Gott an, wenn ich selbst in mir Gott bin?

Das wird dann aber große Verwirrung bei den Menschen hervorrufen, wenn sie nicht mehr beten sollen, oder?

Was bedeutet »beten«? Weißt du, früher, zu Jesu Zeiten, war Beten so gedacht: Ich versinke in Meditation und erkenne die Göttlichkeit in mir. Alles in mir ist still, ich verbinde mich mit dem All-Ein-Sein. Das war eigentlich »beten«. Beten ist heute, im Jetzt, ein Nachplappern von Dingen, die jemand vorsagt. Aber wer, mein Freund, macht sich Gedanken darüber, welche Worte ich andauernd nachahme? Inwieweit stimmen diese Worte, die ja Energie sind, mit meinem Herzen überein? Es gibt so viele Missverhältnisse zwischen Mensch und Gott, weil alles nach außen projiziert wird, weil sich kein Mensch mehr traut, die Göttlichkeit in sich selbst zu entdecken, geschweige denn darüber zu sprechen. Denn dann würde er verurteilt. So etwas ist im katholischen Glauben nicht möglich. Dort existiert Gott nur im Außen.

Lieber Vywamus, ich möchte dann gleich auf bestimmte Begriffe der katholischen Kirche eingehen, die meines Erachtens einer Erläuterung bedürfen. Zum Beispiel Luzifer, Teufel ...

Nun, das ist eigentlich mehr oder weniger aus der Absicht entstanden, Druck auf die Menschen auszuüben, indem man das Schlechte in ihnen hervorzuheben versuchte. Durch dieses Hervorheben des Schlechten und Bösen im Menschen wurde er noch weiter von seiner Göttlichkeit entfernt. Denn wenn ich wirklich so schlecht und böse als Mensch bin, hat kein Gott in mir Platz. Es kann keine Göttlichkeit da sein. Also muss ich leiden, Buße tun und bereuen, damit ich den Gott im Außen wieder versöhne, damit er mich nicht verstößt. Zu diesem Zweck ist der Teufel entstanden, geformt worden als das Symbol des Bösen im Menschen.

Kannst du uns etwas zu den Zehn Geboten aus dem Alten Testament sagen? Wie sind sie entstanden? Haben sie heute noch Gültigkeit?

Sie haben keineswegs Gültigkeit. Sie sind hinfällig. Denn sie sind nicht auf das Mensch-Sein, sondern gegen den Menschen gerichtet. Auch hier geht es wieder darum, dass zur damaligen Zeit eine gewisse Ordnung geschaffen wurde, als die Gebote entstanden sind. Es gab auch damals sehr vielen Streitigkeiten unter den verschiedenen Völkern. Es war ähnlich wie zu Jesu Zeiten. Aus diesem Grund gab es die Zehn Gebote, um den Menschen eine gewisse Ordnung zu bringen. Die Zehn Gebote wurden von Menschen verfasst. Doch jetzt sind sie längst total verfälscht und nicht mehr up to date.

Kannst du uns etwas zur Wirksamkeit des sogenannten Sakraments der Buße sagen?

Auch das ist total veraltet. Die Sakramente sind etwas, das von den Menschen geschaffen wurde. Ebenso wie die Zehn Gebote. Sie haben keine Gültigkeit. Sie entbinden Menschen von Verantwortung und unterjochen sie genauso, wie die Zehn Gebote sie schuldig machen für ihr Dasein, für ihr Wirken, für ihre Kreativität. Es gibt nichts, was die Zehn Gebote oder die Sakramente im Jetzt rechtfertigen würde.

Nun, ich denke, dann brauche ich eigentlich nicht weiterzufragen, was zum Beispiel das Sakrament der Ehe betrifft.

Ich bin der Meinung, dass es vergeudete Zeit ist, auf die einzelnen Sakramente einzugehen. Denn jeder Mensch, der in sich geht, sich fragt »Was ist Gott? Wo ist dieser Gott?«, wird automatisch mit diesen Dingen konfrontiert und wird erkennen und vielleicht sogar fühlen, dass diese Dinge in seinem Bereich keinen Platz mehr haben. Die ganze Entwicklung der Menschheit geht momentan dahin, dass sie das Mensch-Sein in sich entdeckt, was bedeutet, den Gott in sich, den göttlichen Funken, den Teil der Quelle im Hier und Jetzt, zu repräsentieren – und da gibt es keinen Platz für Sünde oder Sakramente oder Gebote, denn all das schafft nur eine Trennlinie vom Menschen zu seiner Göttlichkeit. Die Menschheit ist momentan dabei, das zu erkennen. Und aus diesem Grund ist auch die andere Seite, die katholischen Kirche, sehr aktiv, um zu verhindern, dass der Mensch wieder in seine Eigenverantwortlichkeit geht, nämlich seine Göttlichkeit lebt.

Vywamus, warum wird in der katholischen Kirche heute immer noch Maria, die Mutter von Jesus, so hoch verehrt? Warum nimmt das einen derartigen Stellenwert ein?

Nun, dazu kann ich Folgendes sagen: Aufgrund der Frauenfeindlichkeit innerhalb dieser Institution sollte durch das Bild von Maria eine gewisse Aufwertung stattfinden, wobei Maria als eine Super-Frau dargestellt wird, die sie in Wirklichkeit gar nicht war. Es wurde ein Bild der Frau durch sie geschaffen, das dem Ideal der katholischen Kirche gerecht wird. So sollte eine Frau sein: bescheiden und gottesfürchtig. In Wirklichkeit war Maria nicht das, was von ihr bekannt ist. Es sind mehr oder weniger Märchen, die dieses Idealbild geschaffen haben. Sie war eine normale Frau. Jesus wurde normal gezeugt wie jedes andere Kind hier auf der Erde. Auch war die Geburt nicht anders. Im Gegenteil, es war sogar sehr schmerzhaft für sie. Es war keine leichte Geburt. In der Zeit, als Jesus heranwuchs, hatte sie nicht die Beziehung zu ihm, wie es immer wieder dargestellt wird. Sie hat sich eigentlich auch zur späteren Zeit sehr von ihm distanziert. Aufgrund seiner politischen Meinung, die er zur damaligen Zeit hatte, wollte sie nichts mit ihm zu tun haben. Es war ihr unangenehm. Die Geschichte hat aus dieser Frau eine Heldin gemacht, die sie niemals war.

Kannst du uns etwas zu den so genannten Marien-Erscheinungen in Fatima und Lourdes sagen?

Punkt eins ist, dass diese Erscheinungen mit der Mutter Maria nichts zu tun haben. Die Quelle versucht den Menschen Dinge aufzuzeigen, sie wachzurütteln, aufmerksam zu machen, was sie tun, und welche Folgen die Menschheit durch ihr Handeln im Jetzt zu tragen hat. Die Marienfigur wurde deshalb gewählt, weil die Menschen an sie glauben. Es ist die Energie der Quelle, die diese Form angenommen hat. Diese Erscheinungen sind Realität gewesen, aber es war nicht Mutter Maria. Es wurde nur ihre Form, ihre Gestalt gewählt, damit die Menschen aufmerksam werden.

Warum ist es so, dass so viele Menschen, die irgendein Gebrechen haben, nach Lourdes pilgern, um dort Heilung zu finden? Man hört immer wieder, dass tatsächlich auch Heilungen stattfinden.

Weißt du, das, was hier an Heilung stattfindet, ist eine Selbstheilung. Der Mensch hat so viele Möglichkeiten, seine Gebrechen zu heilen, aber er glaubt nicht daran. Er erkennt diese Fähigkeiten in sich selbst nicht. In dem Moment, wenn er nun zu so einer »Heiligen Stätte« kommt, glaubt er, dass die Kraft, die dort ist, ihn heilt. In Wirklichkeit wird seine Selbstheilungskraft aktiviert, und so geschieht dieses Wunder, das dann bei euch durch die Presse geht. In dem Moment, in dem die Menschheit erkennt, welche Fähigkeiten der Einzelne in sich birgt, werden diese »Wunder« aufhören; dann wird es etwas Alltägliches sein, mit seinen Kräften umzugehen, diese Energien gezielt zu steuern. Doch davon sind die Menschen noch weit entfernt, und deshalb sehen sie diese Heilungen unter anderem als Wunder.
Speziell im Mittelalter hat die katholische Kirche das Bild der Frau teilweise total umgekehrt und gewisse Frauen verfolgt – ich spreche jetzt von den Hexenverbrennungen.

Gibt es da einen Zusammenhang mit der Verehrung der Frau in Maria?

Nun, es ist grotesk, aber es gibt eine Verbindung. Auf der einen Seite wird Mutter Maria als das Idealbild der Frau dargestellt. Auf der anderen Seite werden Frauen, die versuchen, ihre Kräfte, ihre Energien für andere einzusetzen, zum Beispiel für Heilungen, von der katholischen Kirche verfolgt. Das ist ein dunkles Kapitel innerhalb ihrer Geschichte, das sie nicht gerne hört und am liebsten wegleugnen würde. Weißt du, zur damaligen Zeit war es so, dass diese Frauen – es waren übrigens auch Männer darunter – sehr stark in die Gesellschaft durch den Umstand eingegriffen haben, dass sie erkannten, dass im Menschen weitaus mehr Fähigkeiten sind, als dies erkannt oder gar gelebt wird. So haben sie versucht, anderen zu helfen. Sie haben Heilungen vollbracht, indem sie sich mit der Natur auseinandergesetzt haben. Sie waren im Begriff, wieder zu ihrem wahren Mensch-Sein zurückzukommen.

Das konnte speziell die Obrigkeit, die Macht im Land, nicht akzeptieren. Sie hatten Angst, dass die Gläubigen mehr diesen Menschen als ihnen selbst glaubten. Es war eine Bedrohung für sie. Deshalb kamen sie auf die Idee, ihre Macht auszunutzen und diese Menschen als Teufel zu bezeichnen, dass sie nur Böses tun, dass sie den Menschen Schaden bringen, dass die Seele des Menschen nicht mehr zu retten wäre, wenn sie sich mit solchen Menschen abgäben. So wurden sie zu Tausenden hingemetzelt. Es brauchte keinen Beweis dafür, jemanden in diesem Sinne schuldig zu sprechen.

Viele Familien in der damaligen Zeit haben sich so von unangenehmen Hausgenossen befreit, indem sie der Obrigkeit einen Tipp gaben, dass der- oder diejenige mit dem Teufel im Bunde stehe. Weißt du, die Angst – speziell der katholischen Kirche – vor dem weiblichen Prinzip, vor der Göttin, ist sehr groß. Dieses negative Frauenbild hat sich bis zur heutigen Zeit nicht verändert. Auch heute gilt innerhalb der Kirche die Frau nicht sehr viel. Im Gegenteil, ihr wird andauernd der Schwarze Peter zugeschoben.

Im Lauf der Geschichte sind immer wieder im Namen einer Religion Kriege geführt worden. Das ist heute auch noch so. Warum im Namen einer Religion?

Das kann ich dir sagen: Weil speziell die Religionen am meisten angstbesetzt sind. Die Menschen haben Angst, wenn sie sich gegen eine Religion wenden, dass sie dann auf ewig bestraft werden, dass Gott sie verstößt. Diese Gemetzel, die auch heute noch stattfinden, geschehen deshalb unter dem Deckmantel der Religion. Durch die Religion wurden und werden die Menschen immer wieder gefügig gemacht. In Wirklichkeit geht es um Macht, darum, andere Menschen zu beherrschen. Und dafür ist jedes Mittel recht.

Wie steht es mit der Unfehlbarkeit des Papstes? Gibt es so etwas überhaupt?

Weißt du, auf diese Frage gibt es nur eine Antwort: es gibt keine Unfehlbarkeit. Mensch-Sein bedeutet, innerhalb der Polarität zu existieren und beide Seiten kennenzulernen.

Vywamus, möchtest du etwas über die Bedeutung der Taufe im ursprünglichen Sinne und was die Kirche daraus gemacht hat sagen? Ich meine, wenn die Menschen nicht getauft sind, dass sie dann Heiden seien. Dass dies immer mit Schuldgefühlen in Verbindung gebracht wird. Könntest du das bitte näher erläutern?

Ich möchte zurückgehen auf die Zeit, bevor Jesus auf die Erde gekommen ist. Denn zur damaligen Zeit war die Taufe sehr aktuell. Sie diente dazu, den Menschen reinzuwaschen. Reinzuwaschen von dem, was er getan hat. Seine Verfehlungen wegzuwaschen, wieder einen Freifluss in seinem energetischen System herzustellen. Die Taufe in Verbindung mit Wasser, diesem Element, sollte gewährleisten, dass

Blockierungen, die vorhanden sind, in für den Menschen brauchbare Energie ausgeglichen und umgewandelt werden.

Die Taufe hat es auch vorher, vor Jesu Zeiten, schon gegeben. Nur war damals die Religion etwas anders geartet. Auch hier ging es darum, die Taufe für die Bewusstseinserweiterung, für das Lösen von Blockierungen einzusetzen. Zu früheren Zeiten haben die Menschen eine andere Verbindung zu den Elementen gehabt. Sie haben diese ursächlichen Energien genutzt, damit sie schneller in ihrer spirituellen Entwicklung vorankamen.

Als die katholische Kirche die Taufe in ihren Glauben mit aufgenommen hat, diente die Taufe dazu, die »Erbsünde«, das Böse und Schlechte, mit dem der Mensch auf die Erde gekommen sei, wegzuwaschen. Die Taufe wurde verfälscht und für die Machtzwecke der Kirche eingesetzt. Aus diesem Grund war es auch so, dass Kinder, die nicht getauft waren und bei der Geburt gestorben sind, von den konfessionellen Friedhöfen entfernt werden mussten. Sie hatten keine Möglichkeit, mit dem Segen der Kirche begraben zu werden. Auch heute ist die Macht der Taufe, wie sie die Kirche predigt, noch sehr weit verbreitet. Die meisten Menschen, die ihre Kinder nicht taufen lassen, sind dadurch mit schweren Schuldgefühlen belastet. Auch bekommen es die Kinder spätestens dann zu spüren, wenn sie mit der Gesellschaft und der Schule in Verbindung kommen.

Es ist ein großes Missverständnis, das um die Taufe herrscht. Die wahren Beweggründe, warum die Taufe überhaupt zur Menschheit kam, habe ich bereits angeführt. In dem Moment, wenn sich das Massenbewusstsein so verändert hat, dass diese Dogmen wegfallen, dass der Menschen nicht mehr *glauben* muss, sondern dass er *weiß*, wird eine Taufe in diesem Sinn nicht mehr möglich sein. Sie wird nicht mehr gebraucht werden, weil der Mensch sein göttliches Wesen in sich entdeckt hat und niemanden braucht, der ihm immer wieder einredet, er sei schlecht und böse. Er wird seine wahre Wesenheit entdecken und sich aus diesem Machteinfluss befreien.

Vywamus, es werden immer wieder gewisse Menschen aus der Masse herausgehoben und als sogenannte Heilige verehrt. Sind diese Heiligen wirklich etwas Besonderes, oder werden sie bewusst benutzt, den Menschen ein gewisses Verhalten nahezulegen?

Nun, das Kapitel der Heiligen ist insofern etwas ganz Besonderes, als diese Menschen als Vorbild hingestellt werden. Nur wenn du so bist, in Askese lebst, Gott verehrst, bist du heilig. Die so genannten Heiligen werden von der katholischen Kirche unter anderem dazu benutzt, dem Menschen aufzuzeigen, wie sündig, böse und schlecht er sei. Dass er niemals in der Lage sein werde, innerhalb dieses Lebens auf der Erde so zu werden, wie die Heiligen sind. Denn sie wurden von Gott als Vorbilder gesandt, um den Menschen ihre Fehlbarkeit aufzuzeigen.

Bei gewissen Menschen treten manchmal sogenannte Stigmatisierungen auf. Kannst du uns etwas dazu sagen, wie die entstehen und warum das so ist?

Das kommt daher, dass diese Menschen zwei verschiedene Inkarnationen zugleich leben. Wir Lehrer bezeichnen das als eine »Einhakung«, ein Erlebnis aus einer früheren Inkarnation, das so stark in der Gedanken- und Gefühlswelt existiert und ins Bewusstsein drängt, dass der Mensch glaubt, wieder in dieser Inkarnation zu sein. Er holt sich praktisch das frühere Leben in seine Jetzt-Realität. Das sind meistens Menschen, die im Namen von Jesus auf der Erde gewirkt haben. Die nicht erkannten, von welchen Dogmen der katholischen Kirche sie beeinflusst wurden. Sie haben sich aufgeopfert, um Jesus zu dienen, und nicht gesehen, dass sie einem Irrglauben unterlagen. Sie holen sich diese Erlebnisse aus der damaligen Inkarnation wieder zurück und erleben das noch einmal, diese Aufopferung und auch das Sterben für diesen Glauben. Das ist etwas, was Jesus niemals verlangt und niemals gewollt hatte. Denn er war auf diesem Planeten, um die Liebe zu bringen, nicht die Sünde, nicht das Opfern, nicht das Verurteilen und das Leiden. Das wurde erst im Nachhinein aus diesem Glauben geschaffen.

Vywamus, danke für die Antworten zum Thema Religion.

5

Wir möchten nun ein anderes Thema ansprechen. Es wird immer wieder von den vier Elementen gesprochen, besonders in Bezug auf die Erde. Was kannst du uns dazu sagen?

Nun, es ist so, dass die vier Elemente Bausteine sind, aus denen die Erde besteht. Ebenso alles, was ist und wirkt hier auf diesem Planeten. Die vier Elemente existieren nur in der Polarität und sind ein System, das sich gegenseitig ergänzt. Ein Element bedingt das andere.

Gibt es noch ein fünftes Element? In der Literatur wird manchmal vom Element »Äther« gesprochen.

Ja, dieses Element kann man als Bindeglied sehen. Wenn du dir die Erde vorstellst in ihrer grobstofflichen Form, so besitzt sie auch einen Energiekörper, einen Ätherkörper, der um die Erde geht und ein verbindendes Glied darstellt zu den feinstofflichen Bereichen der Erde: zu Emotional-, Mental- und spirituellem Körper. Insofern ist es richtig, dass es dieses fünfte Element gibt. Das ist auch bei den Menschen existent als Energiekörper, als ätherisches Doppel.

Wie wirken diese vier Elemente zusammen, wie sind sie miteinander verbunden?

Sie sind durch ein Kommunikationssystem miteinander verbunden. Das bedeutet, dass ein Element Energie aussendet – oder vielleicht sollte ich sagen, einen Gedanken zu einem anderen Element aussendet. Wobei sich dann diese beiden miteinander verbinden und wiederum in ihrer Grundform, die sie zusammen gebildet haben, zum nächsten Element diese Gedankenform weitergeben. So geht es von einem zum anderen und bildet einen Kreis, der sich immer wieder fortsetzt. Durch diese Fortsetzung, die sehr schnell vorangeht, entsteht feste Materie.

Du sagst, es entsteht feste Materie. Sind die Elemente selbst keine Materie?

Eigentlich nicht. Sie sind eine Energieform, die sich verdichten kann. Sie sind Bausteine, die sich durch schnelle Bewegung verdichten und dann für den Menschen sichtbar werden.
Nehmen wir eine Blume. Sie hat einen Energiekörper, der aus den Elementen besteht. Der Energiekörper ist für den Menschen nicht sichtbar, da dort die Elemente in ihrer Grundform in einer sehr hohen Schwingung sind. Wenn nun diese Schwingung durch Geschwindigkeit verdichtet wird, entsteht die Blume in der sichtbaren Form.

Vywamus, was bedeuten die vier Elemente für den Menschen und seinen physischen Körper?

Sie bedeuten, dass der physische Körper nur durch die Elemente eine sichtbare Form erhält, wie ich das soeben bei der Blume beschrieben habe. Ohne die Elemente könnte der Mensch nicht existieren. Er könnte sich nicht fortbewegen auf der Erde in dem Sinne, wie er es jetzt tut. Ihr wäret dann füreinander nicht sichtbar, im physischen Sinn.

Könntest du die einzelnen Elemente näher beschreiben?

Wie meinst du mit beschreiben? Kannst du diese Frage konkret stellen?

Die Bedeutung, die Information, die in den einzelnen Elementen enthalten ist, und was sie auch für den Menschen bedeutet. Zum Beispiel das Element Wasser: Gefühl ...

Nun, es gibt immer spezielle Schlagworte für die einzelnen Elemente, wobei dies nur ein kleiner Teil ist. Die Elemente können viel mehr, und sie werden viel zu wenig genutzt. Zum Beispiel auch in Bezug auf Heilungen oder spirituelles Wachstum. Ich werde versuchen, die Elemente in ihren Eigenschaften umfassend zu beschreiben.
Nehmen wir als Erstes das Element Erde. Viele Menschen glauben, dass dieses Element mit der Erde als Materie gleichgesetzt wird. Doch dies ist eine Fehlinterpretation. Das Element Erde ist nur ein Teil der anderen Elemente, eine Eigenschaft, die die anderen Elemente unterstützt, ein Ganzes zu werden. Ich möchte das Element Erde als Wachstum, als Nährboden, als Beständigkeit und Stabilität beschreiben. Dieses Element bietet oftmals den Boden für die anderen Elemente, sodass diese auf der Information, die aus dem Element Erde kommt, aufbauen können.
Das Element Feuer würde ich als das dynamische Element bezeichnen, als das Element, das grenzenlose Energie beinhaltet, die in Form gebracht werden sollte, wiederum in Verbindung mit den anderen Elementen.
Dann das Element Luft – das außerdem sehr, sehr wichtig für euren physischen Körper ist, um den notwendigen Sauerstoff in eurem physischen Körper zu transportieren: Dieses Element würde ich als Expansion, als Ausdehnung bezeichnen.
Schließlich das Element Wasser. Dieses Element hat die Eigenschaft, einen Freifluss herzustellen. Das bedeutet, dass die Energie, die bereits in gewisse Bahnen gelenkt wurde, mit gewissen Eigenschaften behaftet ist – dass sie von diesem Element transportiert wird. Es wird oftmals mit Gefühlen in Verbindung gebracht. Aber das ist nur ein sehr kleiner Teil. Das Element Wasser entspricht nicht nur dem Gefühl, es wird von einem Gedanken geleitet, wenn euch das etwas sagt. Ich würde es so beschreiben, dass das Element Wasser eine Gedan-

kenkraft, eine Eigenschaft beinhaltet, die nicht nur auf die Gefühle einwirkt, sondern auf die Gesamtheit. Außerdem wisst ihr sicherlich, dass der physische Körper sehr viel Wasser enthält, was wieder etwas über den Charakter aussagt, von dem ich vorher besprochen habe, Dass dieses Element für den Freifluss steht.

Wie kann ich die vier Elemente gezielt einsetzen – für meine spirituelle Entwicklung zum Beispiel?

Du kannst das Element nehmen, von dem du weißt, dass du es zu wenig lebst und ihm zu wenig Beachtung schenkst, und dieses Element dann dementsprechend über gezielte Energieübertragung mit dem Dritten Auge aktivieren und den anderen Elementen angleichen. Besonders in Bezug von Heilungen ist es sehr wichtig, die Elementeverteilung im physischen Körper zu erkennen. Es reicht nicht aus, nur die Polarität auszugleichen, denn das ist nur ein geringer Teil. Es sollten auch die Elemente im Gleichklang im physischen Körper fließen. Selbst die Chakren sind dadurch beeinflusst. Oder umgekehrt: Durch die Chakren kann ich die Elemente im physischen Körper beeinflussen. In den Chakren sind die Elemente in ätherischer Form vorhanden. Erinnere dich an das Beispiel der Blume, die auch in ihrer Form vollständig und umgeben ist von feinstofflichen Bereichen, von einem Energiekörper, der alle Elemente als Bausteine beinhaltet. Und diese Elemente verdichten sich durch Geschwindigkeit und formen für den Menschen ein physisch sichtbares Bild.

Es ist ja nicht nur ein Bild, das da geformt wird, sondern auch eine Eigenschaft. Ich meine, eine Blume greift sich anders an als ein Stück Metall.

Das wird beeinflusst durch die Information in den Elementen: Was soll sich formen? Soll sich eine Blume formen oder ein Stück Metall sichtbar werden?
Ich möchte noch etwas dazu ergänzen: Nur durch die Bausteine, die

vier Elemente genannt, ist innerhalb der Polarität sichtbare Materie möglich.

Sind die Elemente auch in den anderen feinstofflichen Körpern enthalten oder nur im Energiekörper?

Weißt du, die Information, dass die Elemente im Energiekörper enthalten sind und dass der physische Körper aus den Elementen zusammengesetzt wird, muss in den feinstofflichen Bereichen bereits enthalten sein. Ich würde es so sehen, dass die Information bereits da ist. Denn ohne diese Information wäre es nicht möglich, die Elemente sichtbar zu machen. Die Information ist ausschlaggebend. Je weiter du in deine feinstofflichen Bereiche hinausgehst, desto ›feiner‹ ist die Energie dort. Der letzte feinstoffliche Körper ist nur mehr eine Andeutung dessen, was im physischen Körper sichtbar ist. Vielleicht ist es so für euch einfacher, es euch vorzustellen.

Vywamus, gibt es spezifische Farben, die man den einzelnen Elementen zuordnen kann?

Grundsätzlich möchte ich diese Frage mit Nein beantworten. Denn jedes Element beinhaltet jede Farbe, die es gibt.

Kann man die Elemente auch über Musik, über Töne beeinflussen?

Natürlich. Das ist ein wunderbares Hilfsmittel, einen Ausgleich zu schaffen. Denn die Energie der Töne ist von der Schwingung her sehr fein und hat eine direkte Verbindung zu den Elementen. Zum Beispiel meine Energie in Form von Musik wirkt auf die Elementenbausteine, die in den feinstofflichen Körpern sind, bereits ein. Es ist eine Einwirkung, die von außen nach innen geht.

Das heißt aber nicht, dass man einen bestimmten Ton einem bestimmten Element zuordnen kann?

Es ist schlimm mit euch Menschen, weil ihr immer glaubt, ihr müsst eure Ordnung haben. Es muss ein Ton oder eine Farbe für ein Element da sein. In Wirklichkeit ist es so, dass es ein Zusammenspiel ist von vielen, vielen Energien. Und es wäre schade, sich nur auf eine zu beschränken. Denn dadurch nutzt man nicht alles, was nutzbar ist.

Vywamus, wir möchten dir jetzt ein paar Fragen zu den einzelnen Reichen stellen. Kannst du uns zunächst einmal sagen, welche Bedeutung die einzelnen Reiche für die Menschen haben?

Nun, ohne die Reiche der Erde gäbe es keine Menschen. Das Mineralreich zum Beispiel bietet den Boden für die Menschheit. Oder das Pflanzenreich: Es bietet unter anderem die Nahrung und den Sauerstoff an. Seht das Tierreich: Ohne die Kommunikation mit den Tieren würde es auf diesem Planeten zum Beispiel viel mehr Hass und Krankheit geben. Die Erde besteht aus allen Reichen. Eines bedingt das andere. Wenn ein Reich »ausfällt«, wird es keine Menschen mehr hier auf diesem Planeten geben. Die Bedeutung der einzelnen Reiche für die Menschheit ist viel wichtiger. Es ist nur schade, dass die Menschen sich darüber sehr wenig Gedanken machen und alles als selbstverständlich hinnehmen.

Wo besteht denn zurzeit das größte Ungleichgewicht im Verhalten der Menschen zu den einzelnen Reichen?

Das ist schwierig, weil in Bezug auf das Verhalten überall ein Ungleichgewicht herrscht. Der Mensch hat es sehr wörtlich genommen, dass in der Bibel steht: »Macht euch die Erde untertan.« Genauso gebärdet er sich. Es gibt aus der Sicht des Menschen kein Gleichgewicht zwischen ihm und den einzelnen Reichen. Es ist eher ein Ausbeuten und Unterjochen. So sehe ich eigentlich alle Reiche in Bezug zur Menschheit.

Vywamus, wie siehst du den Energieausgleich zwischen den einzelnen Reichen?

Auch hier bedingt das eine das andere. Die energetischen Verbindungen zwischen den einzelnen Reichen sind ebenso wellenförmig wie das Auf und Ab der Polarität. Du kannst dir das so vorstellen: Die Energie des Mineralreiches geht bis zur Hälfte in das Pflanzenreich hinein, verbindet sich mit diesen Energien und bewegt sich dann bis zum Tierreich weiter, geht dort wieder bis zur Mitte, verbindet sich mit dieser Energie, tauscht Informationen aus, um dann weiterzugehen bis zum Menschenreich. Genauso sind die Elemente angeordnet. Es ist alles in einer wellenförmigen Bewegung. Außerdem herrscht zwischen den einzelnen Reichen ein Kommunikationssystem, sodass sich der Stein mit der Pflanze unterhalten kann und die Pflanze mit dem Tier. Doch wenn es dann vom Tier zum Menschen weitergehen soll, wird es schon schwieriger.

Warum kann sich ausgerechnet der Mensch so wenig mit den anderen Reichen verständigen?

Er hat sich von dieser Kommunikation wegentwickelt. Wie ich bereits sagte: *Macht euch die Erde untertan.* Das bedeutet, dass der Mensch sich selbst über die Reiche hinaus herausgehoben hat. Er glaubt schlicht und ergreifend, etwas Besseres zu sein. Er legt keinen Wert darauf, sich mit den Reichen auseinanderzusetzen. Wichtig für ihn ist in erster Linie, sie zu gebrauchen und zu benutzen. Er sieht keinen Sinn in einer Kommunikation.

Was wäre der Sinn der Kommunikation – zum Beispiel mit dem Tierreich?

In erster Linie ein besseres Verständnis. Dann gäbe es viele Gräueltaten nicht, die es momentan auf diesem Planeten gibt. Stattdessen ein Respektieren und Akzeptieren anderer Lebensformen, die keinesfalls minderwertiger als der Mensch sind.

Die Menschen teilen die einzelnen Reiche nach einer bestimmten Wertigkeit ein, wobei das Mineralreich an der untersten Stelle steht und das Menschenreich an der obersten Stelle.

Und nun möchtest du wissen, warum das so ist.

Ja.

Zum einen bildet das Mineralreich das Fundament, damit die anderen Reiche überhaupt existieren können. Das ist ein Grund. Der zweite Grund ist der, dass der Mensch aufgrund seiner wissenschaftlichen Forschungen der Meinung ist, dass der Stein das niedrigste Bewusstsein hat. Und stell dir vor, vor dem Menschen kommt das Tier. Ich füge das aus dem Grund an, dass besonders diesem Reich, dem Tierreich, sehr viel Schmerz und Leid anhaftet, das die Menschheit diesen Geschöpfen zufügt.

Wie siehst du die einzelnen Reiche in ihrer Entwicklung? Inwieweit haben sie ihre Entwicklung vervollständigt, beziehungsweise wohin geht die Entwicklung?

Das stabilste Reich ist das Mineralreich. Es ist auch das Reich der Weisheit. So möchte ich es bezeichnen. Denn in diesem Bereich ist all das Wissen um die Erde und der Menschheit gespeichert, seit Anbeginn. Es ist das älteste Reich. Die Entwicklung der einzelnen Reiche gleicht sich der Entwicklung des Menschen an. Es gibt keine Vervollständigung in dem Sinne, dass in der nächsten Zeit die Entwicklung der unterschiedlichen Reiche nicht mehr weitergehen würde. Es ist an die Entwicklung des Menschenreiches angeglichen. Natürlich wird sich in Bezug auf die einzelnen Reiche etwas verändern, soweit der Mensch das zulässt, soweit er in der Lage ist, den anderen Reichen Bewusstsein zuzuschreiben. Erst dann haben die einzelnen Reiche die Möglichkeit, mit den Menschen anders umzugehen. Erst dann werden sie gleichberechtigte Partner sein, die ihrer Aufgabe und ihrer Rolle in Bezug auf den Plan Erde gerecht werden können. Denn zu diesem Zeitpunkt wird alles, was mit den Reichen zu tun hat, aus einem falschen Blickwinkel gesehen. Sie werden immer noch als minderwertig behandelt, dem Menschen untergeordnet, keinesfalls als gleichberechtigt akzeptiert.

Wie kann sich ein Mensch zum Beispiel das Bewusstsein eines Berges vorstellen? Kann man das in Worten beschreiben?

Das wird sehr schwierig sein. Menschen, die auf einem gewissen Bewusstseinsstand sind und ihre Wahrnehmung ausdehnen können, haben die Möglichkeit, in ihrer Wahrnehmung und Vorstellung selbst dieser Berg zu sein.

Vywamus, was geschieht mit den Traumata, die in den verschiedenen Reichen enthalten sind?

Nun, was wird geschehen? Sie sind teilweise in der Erde selbst oder in den feinstofflichen Bereichen der Erde gespeichert.

Und wie können sie transformiert werden? Machen das die einzelnen Reiche selbst? Sind sie dazu überhaupt fähig?

Weißt du, es gibt spezielle Wesenheiten, die mit den einzelnen Reichen in Verbindung stehen, um behilflich zu sein, diese Energien zu transformieren. Doch ausschlaggebend und wichtig ist die Bewusstwerdung, dass der Mensch sehr viel dazu beigetragen hat, dass es diese Traumata überhaupt gibt. Deshalb wird immer ein Teil in der Erde und um die Erde sein, der sich dann den Menschen präsentieren wird. Wobei ich dazu sagen muss, dass der Mensch meistens diese Energie in Form von Krankheit erlebt, weil die wenigsten Menschen in der Lage sind, zu sehen, warum ihnen etwas passiert, wo die Ursache liegt.

Vywamus, ist es möglich, dass sich ein Tier als Mensch wieder inkarniert oder umgekehrt?

Nein.

Kann ein Tier denken?

Nun, wenn du denken im Sinne des Menschen meinst, muss ich mit Nein antworten. Die Tiere haben ein ganz anderes Informations- und Kommunikationssystem entwickelt, das manchmal den Menschen weit voraus ist – zum Beispiel ihre Sinne. Ein Tier überlegt nicht, ob es etwas tun soll. Es weiß, dass es in diesem Moment richtig ist. Es lebt immer bewusst im Jetzt. Weder in der Vergangenheit noch in der Zukunft. Und so wird das Denken, wie der Mensch es praktiziert, fast überflüssig. Ein Tier lebt dem Menschen das Jetzt-Bewusst-Sein vor.

Das heißt, in dieser Beziehung können die Tiere den Menschen sehr viel beibringen?

Könnten.

Warum fügen die Menschen den Tieren eigentlich so viele Leiden zu?

Weil sie nicht in der Lage sind, diese Geschöpfe als gleichwertig anzunehmen. Sie verleugnen, dass Tiere etwas empfinden, dass sie fühlen können. Dass sie wissen. Sie sehen nicht die Möglichkeiten, die ihnen das Tierreich bieten würde, wenn sie in einer harmonischen Beziehung mit ihm leben würden. Sie können es nicht akzeptieren, dass sie vom Tierreich etwas lernen könnten. Der Mensch kann sich nicht dazu herablassen, dem Tier Bewusstsein zuzuschreiben.

Welche Folgen hat das für das Tierreich und für die Menschheit?

Verschiedene Tiere werden sich voll und ganz von diesem Planeten zurückziehen, weil es keinen Lebensraum mehr gibt für sie, weil sie sehen, dass eine Kommunikation mit dem Menschenreich unmöglich wird. Die Folgen für den Menschen: Dadurch, dass all diese Gräueltaten gespeichert sind – entweder in der Erde selbst oder in ihren feinstofflichen Bereichen –, werden sie immer wieder mit diesen Dingen konfrontiert werden. Es gibt keine Energie, die vergeudet wird, sei sie nun negativ oder positiv bewertet. Und es gibt ein Gesetz von Ursache und Wirkung. Und aus diesem Grund wird die gesamte Menschheit mit dieser Energie wieder konfrontiert werden.

Wie wird sich das auswirken, wenn man sich zum Beispiel anschaut, dass die Menschen Tiere in großen Massen züchten, um sie dann abzuschlachten und zu essen?

Du meinst, wie sich die Energie, die daraus entsteht, auf die Menschheit auswirkt?

Ja.

Es könnte sein, dass es eine flächendeckende Epidemie geben wird. So sieht diese Energie momentan aus, die sich ungefähr um die Hälfte der Erde legt. Ich kann nicht genau sagen, wie sie sich auswirken wird. Es kann alles Mögliche sein. Auf jeden Fall wird diese Energie ein Wachrütteln bedeuten. Du kannst nicht erwarten, wenn du etwas

Negatives aussendest, dass etwas Positives auf dich zurückkommt. Und der Mensch hat im Bereich der Tiere bewusst sehr viel Leid verursacht. Im Grunde genommen weiß er ganz genau, dass Tiere empfinden können, dass auch sie Schmerzen haben, dass sie leiden. Diese Energie wird auf die Menschheit zurückkommen.

Gibt es da auch einen Zusammenhang mit jenen Tieren, die der Mensch als Ungeziefer bezeichnet? Zum Beispiel stechende oder giftige Insekten.

Nun, es ist so, dass die Insekten immer mehr werden. Das ist auch auf die vielen Gifte zurückzuführen, die von den Menschen versprüht und ausgesät werden.

Das heißt, der Mensch wird mit diesen Giften durch die Insekten wieder konfrontiert?

So ist es. Dann ist die Wissenschaft wieder gefordert, neue Gifte zu entdecken, um die Insekten zu beseitigen. Es ist ein einziger Kreislauf.

Wie kann man diesen Kreislauf durchbrechen?

Indem man mit diesen Giften aufhört, wieder zurückgeht zur Natur, zu ihrem Ursprung, wie sie gewesen ist. Die Natur regeneriert sich selbst, wenn sie die Möglichkeit dazu bekommt. Denn jetzt besteht kein natürlicher Kreislauf mehr. Der Mensch hat in so vielen Bereichen eingegriffen.

Was bewirkt das Fleischessen generell beim Menschen?

Vielen Menschen scheint es nichts auszumachen. Es ist ihnen nicht bewusst, was in ihrem physischen Körper und in ihren feinstofflichen Bereichen geschieht. Im physischen Körper verstopft das Fleischessen zum Beispiel die Arterien. Es führt zum Herzinfarkt. Das Blut wird dicker. Und so gibt es noch einige krankhafte Veränderungen. Außerdem wirkt es sich negativ auf die Sehschärfe aus. Im feinstofflichen Bereich ist es so, dass besonders das Fleisch der Tiere sehr angstbesetzt ist, und diese Angst wird in die feinstofflichen Körper aufgenommen. In erster Linie in den Energiekörper, den Emotional- und Mentalkörper. Dort produzieren diese Ängste noch mehr Ängste als die, die schon da sind. Es kommt zu zwanghaftem Verhalten, zu Angstpsychosen, zu Depressionen. Aber das sind Dinge, die die Wissenschaft noch nicht festgestellt hat, was sie aber noch tun wird. Es gibt noch etwas, das unter dem Fleischkonsum leidet. Und das sind die Sinne generell.

Welche Bedeutung haben Haustiere für den Menschen?

Eine sehr große. Zum einen sind sie immer da, wenn sie gebraucht werden, weil sie den Menschen sehr genau kennen, seine Schwächen und seine Stärken. Sie merken sofort, wenn der Mensch traurig ist, und sie wenden sich dem Menschen zu, um ihm behilflich zu sein, seine Traurigkeit gehen zu lassen. Zum anderen transformieren sie sehr, sehr viele Energien, die beim Menschen zu einer Krankheit führen könnten. Die Haustiere haben eine sehr wichtige Rolle innerhalb der Gesellschaft.

Wie siehst du die Tierhaltung in Tiergärten oder Zoos?

Das ist unwürdig. Es ist genauso, wie wenn du Menschen in Käfigen halten würdest. Es sind Wesenheiten, die empfinden, die Bewusstsein haben. Deren Art und Weise es ist, sich auszudehnen, zu laufen und zu springen, auf Bäume zu klettern, unbegrenzt zu sein. Hier werden sie in Käfige gesperrt und eingeengt. Ich würde sagen, dass Tiergärten und auch Zirkusse so etwas wie Nervenheilanstalten für Tiere sind. Es ist gänzlich unwürdig, was der Mensch in diesem Bereich mit den Tieren tut.

Ist das auch ähnlich zum Beispiel bei der Milchkuh-Haltung?

Nun, weißt du, es gibt hier schon Unterschiede. Die Kuh ist ein Haustier und hat ganz andere Lebensumstände wie zum Beispiel ein Elefant. Das musst du schon unterscheiden. Eine Kuh ist zufrieden, wenn sie auf die Weide darf. Aber ein Elefant wäre damit nicht glücklich, er braucht die Freiheit.

Hat ein Tier eine individuelle Seele wie der Mensch?

Ja.

Es wird immer wieder geschrieben, dass Tiere eine Gruppenseele haben. Das scheint also nach deiner Aussage falsch zu sein.

Kannst du mir beschreiben, was eine Gruppenseele ist?

Nein.

Nun, ich glaube, dass viele Menschen versuchen, die Tiere in bestimmte Bereiche einzuteilen, um ihrer degradierten Rolle zu entsprechen. Und so ist es nahe liegend, dem Tier eine individuelle Seele abzusprechen und sie einer Gruppenseele zuzuordnen. Die Tiere sind ebenso aus einer Monade entstanden wie die Menschen. Und diese Monade ist in unterschiedliche Bereiche eingeteilt. Aber trotzdem ist jedes Tier eine Individualität.

Vywamus, wie siehst du den Unterschied zwischen den Indianern oder Naturvölkern, die ja Fleischesser waren, und der jetzigen Menschheit?

Das ist ganz einfach. Diese Völker, die noch sehr stark mit der Natur verbunden waren, haben die Tiere respektiert, ja sogar verehrt. Es war ihnen nicht gestattet, die Tiere einfach nur abzuschlachten. Sie haben nur dann gejagt, wenn es wirklich erforderlich war. Es gab eine andere Verbindung zu den Tieren, als dies jetzt der Fall ist. Bei der jetzigen Menschheit ist es nur die Profitgier, dass Tiere in solchen Massen gezüchtet werden.

Wieso sind im Lauf der Geschichte und in den verschiedenen Religionen immer wieder bestimmte Tiere als heilig beziehungsweise als Gottheiten verehrt worden?

Das kommt zum einen davon, dass Tiere zum Beispiel spezielle Sinne gut ausgeprägt haben, weitaus besser als der Mensch. Der Mensch in der damaligen Zeit konnte die Tiere achten und ihnen den notwendigen Respekt entgegenbringen, der gegenwärtig fehlt. Die Tiere wurden aufgrund ihrer Fähigkeiten, ihrer Stärke, ihrer Schnelligkeit oder auch, weil sie schlau waren, von den Menschen als Götter verehrt.

Warum hat es solche Gottheiten oder Halbgottheiten wie Tiermenschen, zum Beispiel Zentaur oder Sphinx, gegeben?

Ganz einfach, weil es diese Verbindungen wirklich einmal gegeben hat.

Wann?

In der atlantischen Zeit zum Beispiel; damals wurden die Menschen mit Tieren gekreuzt, um bestimmte Vorzüge der Tiere auf den Menschen zu übertragen.

Wie hat sich das ausgewirkt?

Das hat sich so ausgewirkt, dass eben Tiermenschen geboren wurden.

Welches Bewusstsein haben diese Tiermenschen gehabt?

Das war unterschiedlich. Es waren auf jeden Fall jämmerliche Kreaturen, die entweder nach der Geburt sofort getötet oder zu weiteren Versuchen verwendet wurden.

Hat das Auswirkungen bis in die heutige Zeit?

Du kannst es mit der Gentechnologie in Verbindung bringen.

Warum gibt es Tiere, die sich gegenseitig fressen?

Das liegt an ihrer Veranlagung. Es ist ein natürlicher Vorgang. Ich könnte genauso gut fragen: Warum töten sich Menschen gegenseitig? Das ist meines Erachtens weitaus unnatürlicher. Die Tiere sind so veranlagt. Es entspricht ihrem natürlichen Instinkt. Sie tun es meist, um zu überleben oder um satt zu werden. Aber warum tötet der Mensch? Ich habe dieses Beispiel gebracht, damit ihr ganz klar die Motivation erkennt.

Hat ein Tier ein Ego?

Wenn du davon ausgehst, dass das Ego das ist, was das Tier dazu veranlasst, überleben zu wollen, dann würde ich die Frage mit Ja beantworten. Wobei sich das Ego des Tieres nicht in dem Wertungsprinzip des Menschen befindet. Auch nicht mit solchen Wunschgedanken, mit denen der Mensch sein Ego lebt. Beim Tier ist immer ausschlaggebend, dass es bewusst im Jetzt ist.

Wie funktioniert die Kommunikation zwischen den einzelnen Tierarten?

Es ist nicht ganz einfach, diese Frage zu beantworten, weil es bei den Rassen wieder Unterschiede gibt. Ich möchte sagen, dass sich die Haustiere untereinander sehr gut verständigen können, dass sie zusammenleben über einen längeren Zeitraum und so eine Kommunikation entwickeln, die einzigartig ist. Es ist eine Kommunikation, die man fast als Telepathie bezeichnen kann.

Was geschieht nach dem Tod, wenn zum Beispiel ein Tier einen traumatischen Tod erleidet – inkarniert es dann auch wieder mit diesem Trauma?

Die Möglichkeit besteht, dass dieses Tier wieder auf die Erde kommt, um diese Traumata ablegen zu können.

Kann es auch sein, dass die Tiere im Energiekörper der Erde hängen bleiben, wenn sie gestorben sind, so wie es beim Menschen oft geschieht?

Du meinst jetzt, dass Tiere als Astralwesen weiterexistieren können? Dass sie getragen werden von diesen Traumata und dazu veranlasst werden, hier zu bleiben?

Ja.

So ist es möglich, natürlich. Und das ist auch sehr oft der Fall. Das sind auch diese Energien, von denen ich gesprochen habe, die sich bereits zur Hälfte über die Erde ziehen und wieder auf den Menschen zurückkommen werden.

Gewisse Tiere werden von den Menschen als intelligent bezeichnet, zum Beispiel die Wale oder die Delfine. Sind diese Tiere tatsächlich intelligenter als andere?

Das würde ich nicht unbedingt sagen. Weißt du, diese Intelligenz ist daraus entstanden, weil es die Wissenschaftler festgestellt haben.

Aber es ist nur ein Teil der gesamten Tierwelt. Es gibt weitaus mehr Tiere, die, ich würde sagen, gescheit sind. Die wissen, was sie tun. Ich möchte die Intelligenz der Tiere ungern mit der Intelligenz des Menschen vergleichen, weil sie ganz anders geartet ist, und weil vor allen Dingen der Mensch dazu neigt, die Tiere in unterschiedliche Intelligenzquotienten einzuteilen; das würde nämlich nicht zutreffen.

Warum werfen sich immer wieder ganze Rudel von Walen an die Küste?

Sie rebellieren gegen die Umweltverschmutzung in Bezug auf die Meere. Es ist wie ein Aufschrei, der die Menschen wachrütteln sollte, in diesem Bereich verstärkt etwas zu unternehmen.

Kannst du uns eine Perspektive für die Zukunft, für das optimale Zusammenleben zwischen Mensch und Tier geben?

Vom momentanen Standpunkt aus ist es sehr schwierig. Es ist eine Sache des Bewusstseins. In diesem Bereich muss sich noch sehr viel verändern. Der Mensch braucht sehr lange, bis er sich darüber im Klaren ist, dass er in seiner jetzigen Entwicklung in einer Sackgasse steckt. Die gesamte Menschheit steht vor einer Mauer und sieht geradeaus diese Mauer, und nur diese Mauer. Sie erkennt nicht, dass einige Meter neben dieser Mauer ein riesiges Loch ist, wo es wieder weitergehen könnte.

Wo könnte es weitergehen?

Weitergehen in eine neue Dimension des Bewusstseins. Eine Akzeptanz der anderen Reiche. Eine Einheit mit der Erde zu bilden, mit allem was ist. Wieder zu dem Prinzip der Liebe zurückzukommen, das auf der Erde geherrscht hat. Vieles davon hat der Mensch verlernt, und dorthin muss er wieder zurückgelangen. Solange das nicht der Fall ist, wird er an der Mauer stehen bleiben.

Vywamus, ich möchte noch eine Frage zu den Haustieren stellen: Zählst du Vögel, Kaninchen, Fische auch zu den Haustieren? Sie werden doch sehr artfremd gehalten – in Käfigen, Aquarien ...

Nun, weißt du, der Mensch hält sich diese Tiere als Haustiere, weil er sich an sie gewöhnt hat. Im Grunde genommen sind sie nicht dazu geeignet, vor allen Dingen die Vögel nicht, in kleinen Käfigen zu wohnen. Es wäre weitaus besser, wenn schon eine solche Tierhaltung gewünscht ist, dass auch die entsprechende Größe eines Käfigs vorhanden ist. Es ist wichtig, dass die Tiere sich entfalten können, dass sie so natürlich wie möglich gehalten werden, wenn der Mensch schon glaubt, er muss sich ein Tier nach Hause holen. Meines Erachtens wäre es besser, diese Tiere in der freien Natur leben zu lassen.

Eine weitere Frage bezieht sich auf die Züchtungen, weil die Menschen immer darauf achten, dass die Tiere so reinrassig wie möglich gehalten werden. Ist das nicht eine Degeneration?

Das tun die Menschen, weil sie mit solchen Tieren Wettbewerbe gewinnen können, und so ihr eigenes Minderwertigkeitsgefühl überspielen. Zum anderen erzielen sie mit solchen Tieren, die Auszeichnungen bekommen haben, weitaus größere materielle Werte. Es ist nicht gut für das Tier, und es ist offensichtlich, dass viele Tiere darunter leiden, dass sie gezüchtet werden. Die physische Struktur des Tieres macht diesen Prozess nicht lange mit. Die Tiere leiden an vielen unterschiedlichen Krankheiten, und ihre Lebenserwartung ist sehr gering.

Ich habe noch eine Frage zu Wettbewerben mit Tieren allgemein. Kannst du uns etwas über den Hintergrund, über die Ursache, über das Entstehen sagen?

Es ist so, dass die Menschen sich aus Langeweile für diesen »Sport«

entschieden haben. Es waren einfach Spiele für sie. Als diese Wettbewerbe entstanden sind, war der Mensch bereits so weit, dass er kein Gefühl mehr hatte, dass eine andere Wesenheit – in diesem Falle das Tier – darunter leidet, dass es Schmerzen empfindet. Außerdem will der Mensch immer Sieger sein. Wenn er es selbst nicht schafft, Sieger zu sein im Alltag, dann muss zumindest das Tier herhalten, um ihm diesen Sieg zu verschaffen.

Ich möchte noch auf etwas zurückkommen, das heute immer noch sehr aktuell ist – der Stierkampf. Hier, bei dieser Art von Kampf, geht es um die maskuline Polarität. Der Torero in diesem Falle möchte durch die Tötung des Stieres sein maskulines Prinzip aufwerten. Das war der eine Background. Ein anderer ist erst zu einem späteren Zeitpunkt mit dazugekommen. Und zwar wurde der Stier als derjenige, der das Böse verkörpert, in die Arena gelassen, und das Gute, der Torero, sollte den Stier zur Strecke bringen. Dahinter steht wieder einmal die katholische Kirche, die diesen Sport nicht nur gebilligt, sondern sogar gefördert hat.

In dem Bereich der Wettbewerbe geschieht so viel Leid unter dem Deckmantel des Sieges. Der Mensch in der Jetztzeit ist viel zu gleichgültig und zu gefühllos, um die notwendigen Konsequenzen zu ziehen, damit diese Wettbewerbe endgültig von diesem Planeten verschwinden und damit die Tiere wieder das sein dürfen, was sie vom Ursprung her sind, nämlich gleichwertige Wesenheiten wie du und ich.

Vywamus, ich habe noch eine nachträgliche Frage zu den Emotionen, die, wie du gesagt hast, der Mensch aufnimmt, wenn er Fleisch isst. Wie ist das, wenn er sich in das Leder oder den Pelz kleidet, das aus den Häuten der Tiere gemacht wird?

Das ist nicht anders. Nur der Mensch in seiner Wahrnehmung bemerkt es nicht. Doch das, was wirklich dahinter steckt: Warum gibt es Pelztierfarmen? Warum werden diese Tiere gezüchtet? Wie entsteht

Leder? Warum gibt es Leder überhaupt – in rauen Mengen sogar? Dahinter steckt in Wirklichkeit die Profitgier des Menschen, der alles ausnutzt und ausbeutet.

Eine letzte Frage zum Tierreich: Ist der feinstoffliche Aufbau eines Tierkörpers ähnlich wie bei den Menschen?

Ja, so kann man es sehen. Auch Tiere haben feinstoffliche Körper. Du kannst bei den Tieren ebenso wie beim Menschen von einem Energiekörper, emotionalen, mentalen und spirituellen Körper ausgehen.

Und die höheren Körper?

Ich möchte es beim spirituellen Körper als Letztem belassen.

Danke. Ich möchte nun fortfahren mit Fragen zum Pflanzenreich. Zunächst: Was ist die grundlegende Aufgabe des Pflanzenreiches?

Nun, das Pflanzenreich ist zum einen die Lunge der Erde, zum anderen bietet das Pflanzenreich viele Heilkräuter für den Menschen, und es dient als Nahrung für Mensch und Tier. Außerdem ist das Pflanzenreich notwendig für die energetische Verbindung zwischen Mineral- und Tierreich. Es ist ein wichtiges Kommunikationsglied innerhalb der gesamten Erde.

Könntest du diesen Ausdruck »Kommunikationsglied« näher beschreiben?

Damit meine ich, dass das Pflanzenreich die Energien, die aus dem Mineralreich kommen, in sich aufnimmt, mit seinen eigenen Energien verbindet, um diese Mischung dann an das Tierreich weiterzugeben. Ich habe bereits einmal erklärt, dass die Reiche sehr eng miteinander verknüpft sind, dass eines ohne das andere nicht bestehen kann.

Wenn du das Pflanzenreich aus den Reichen herausnimmt, wird es keine Erde mehr geben. Es fehlt dann ein wichtiger Baustein.
Ich möchte ein Beispiel bringen für die unterschiedlichen Reiche. Stell dir vor, du baust ein Haus. Der Keller würde das Mineralreich sein, die Wohnräume sind das Pflanzenreich, das Dach ist ausgebaut und steht für das Tierreich. Und in diesem Haus wohnen die Menschen. Nun stell dir vor, wenn du die Wohnräume herausnimmst, wenn sie nicht mehr da sind, wird das Haus zusammenbrechen. Ebenso wenn es keinen Keller mehr gibt, wenn du ihn entfernst, auch dann fehlt ein wichtiger Bestandteil des Hauses. Ebenso sind die Reiche miteinander verbunden, und eines bedingt das andere.

Vywamus, sind Pflanzen eigentlich in der Lage, Gefühle zu empfinden beziehungsweise Gefühle zu zeigen, sie auszudrücken?

Das sind sie in der Tat. Und das ist bereits wissenschaftlich erwiesen. Was aber nicht bedeutet, dass die Menschen aus diesem Grund anders mit den Pflanzen umgehen. Vielleicht mit den Pflanzen, die sie zuhause haben, aber nicht mit den Wäldern oder mit dem Regenwald. Hier fehlt es viel an Eigenverantwortlichkeit der gesamten Menschheit gegenüber diesen Bereichen.

Wenn Pflanzen Gefühle ausdrücken können, dann nehme ich an, dass sie auch so etwas wie einen Emotionalkörper haben. Sind die Pflanzen, feinstofflich gesehen, auch so aufgebaut wie Menschen und Tiere?

Alles, was ist, hat unterschiedliche feinstoffliche Körper. Diese muss es auch besitzen, weil die Energien, die von außen aus dem Kosmos kommen, aufbereitet werden müssen, damit die physische Struktur diese Energien umsetzen kann. Sie werden durch die feinstofflichen Bereiche gefiltert, um eingesetzt zu werden.

Vywamus, du sagst selbst, dass Pflanzen ein Bewusstsein haben. Kann man sich irgendwie vorstellen, wie dieses Bewusstsein geartet ist?

Kannst du diese Frage anders stellen?

Wie denkt eine Pflanze?

Sie denkt nicht, sie ist. Es ist ähnlich wie bei den Tieren, dass sie bewusst im Jetzt leben. Dass für sie nicht entscheidend ist, was morgen sein wird oder was gestern war. Das Bewusstsein der Pflanze ist: im Hier und Jetzt zu sein. Der Unterschied zum Menschen ist, dass der Mensch immer in der Vergangenheit und der Zukunft und nur selten in der Gegenwart lebt. Und das gibt es bei Pflanzen nicht.

Was empfindet eine Pflanze, wenn man sie isst?

Nun, weißt du, dazu musst du davon ausgehen, dass es Pflanzen gibt, die speziell dafür geschaffen wurden, dass sie als Nahrung dienen. Es ist ihre Aufgabe. Es bereitet der Pflanze keine Schmerzen.

Meinst du damit Früchte?

Zum Beispiel. Und auch Gemüse.

Was hältst du vom künstlichen Züchten von Pflanzen für die menschliche Nahrung?

Es ist so, dass die Weltbevölkerung so stark angewachsen ist, dass es notwendig ist, Pflanzen zu züchten.

Findest du das auch gesund?

Die derzeitige Ernährungslage auf diesem Planeten ist generell nicht gesund. Denn die Umweltverschmutzung ist nicht gerade förderlich für den physischen Organismus des Menschen, und auch nicht für die Tiere. Also brauchen wir gar nicht von »gesund« zu sprechen.

Welche Bedeutung unter den Pflanzen haben Kräuter und Gewürze?

Die erste Bedeutung ist die, dass sie Speisen verfeinern, dass sie zu Heilzwecken eingesetzt werden können, dass sie die Sinne schärfen und dass sie gut sind für den Blutkreislauf. Wobei man hier die unterschiedlichen Kräuter einzeln benennen müsste.

Könntest du die Heilkraft, die von Pflanzen ausgeht, näher erläutern? Sind das die Inhaltsstoffe oder die Energie oder die Information – wie siehst du das?

Es ist alles. Es ist das Bewusstsein, es ist die physische Beschaffenheit, es sind die ätherischen Öle. Es ist eigentlich die Gesamtheit der Pflanze, die dazu benutzt wird.

Wie tief geht die Heilung? Bezieht sich die Heilung nur auf den physischen Körper, oder kann sie auch tiefer gehen?

Sie kann auch tiefer gehen, je nachdem, wie die Heilpflanze aufbereitet wird. Wenn du sie zum Beispiel als Tee zu dir nimmst, dann geht sie mit Sicherheit in erster Linie auf den physischen Körper, auf das dementsprechende Organ ein. Wenn du die Pflanze zu einem homöopathischen Mittel potenzierst, dann kommt es auf die Potenz an, inwieweit sie tiefer einwirkt. In entsprechender Potenzierung kann sie in die feinstofflichen Körper dringen.

Inwieweit stehen die Pflanzen mit dem Mond oder mit anderen Gestirnen in Verbindung?

In erster Linie würde ich sagen, dass sie mit Sonne und Mond in Verbindung stehen, dass diese beiden Planeten das Wachstum regeln und auch die Blühzeiten der Pflanzen bestimmen.

Es hat dann sicher auch einen Einfluss, zu welchem Zeitpunkt man bestimmte Pflanzen, zum Beispiel Gemüse, pflanzt.

Natürlich. Dazu gibt es alte Überlieferungen, die heute noch Gültigkeit haben. Viele Menschen handeln danach.

Warum sind manche Pflanzen giftig für den Menschen?

Sie sind giftig aus dem Grund, dass sie nicht für das Menschenreich bestimmt sind. Und sie wehren sich dagegen, von Menschen benutzt zu werden.

Diese giftigen Pflanzen werden aber doch auch in der Homöopathie verwendet.

Aber hier wird das Gift in ganz kleinen Mengen verwandt und entsprechend potenziert, damit Gleiches mit Gleichem geheilt werden kann. Ich habe die vorhergehende Frage so aufgefasst, dass diese Pflanzen giftig sind, wenn der Mensch zum Beispiel die Früchte dieser Pflanze zu sich nimmt.

Einige Pflanzen bezeichnen wir als sogenanntes Unkraut. Wir reißen es aus, es stört uns. Wie sollen wir damit umgehen?

Weißt du, es ist wichtig, dass du als Mensch in deiner Eigenverantwortlichkeit dem Pflanzenreich seine Grenzen aufzeigst. Es gibt so viele Pflanzen, die sehr dominant sind und andere überwuchern, anderen keine Möglichkeit lassen, dass auch sie wachsen können. Und der Mensch »darf« mit diesen Pflanzen dann so umgehen, dass er sie dezimiert und in ihre Schranken weist.

Auch mit chemischen Mitteln?

Das wäre nicht so förderlich. Es gibt auch natürliche Möglichkeiten.

Wir wirken sich Dünge- und Spritzmittel aus?

Zum einen wird die Erde durch diese chemischen Mittel vergiftet. Zum anderen wirkt es sich auf das Umfeld der Erde aus. Diese Gifte gehen nicht verloren. Sie steigen auf und sind in den feinstofflichen Bereichen der Erde wiederzufinden.

Wie wirkt sich das dann auf den Menschen aus?

Er bekommt zum Beispiel diese Gifte via Regen wieder zurück. Es ist ein einziger Kreislauf, der entsteht. Zur jetzigen Zeit nimmt der Mensch ohnehin sehr viel vergiftete Nahrung zu sich. Und das wird mehr und mehr werden, solange die chemischen Mittel verwendet werden. Sei es nun in einem kleinen Garten oder auf Feldern.

Hat das auch mit dem sauren Regen beziehungsweise mit dem Waldsterben zu tun?

Natürlich. Das meinte ich vorhin.

Pflanzen können auch Radioaktivität speichern. Siehst du dafür in Zukunft eine Gefahr für die Menschheit?

Nein.

Wie ist das, wenn Pflanzen oder Lebensmittel radioaktiv bestrahlt werden, damit sie länger haltbar sind?

Es wird so kommen, dass der Mensch selbst radioaktiv wird, dass ihm diese Strahlung nichts mehr ausmacht. Er gewöhnt sich bereits langsam daran.

Wie ist das zu verstehen, dass der Mensch radioaktiv wird? Erhöht er seine Schwingung? Könntest du das bitte näher erläutern?

Die Schwingung wird automatisch erhöht. Der menschliche Körper braucht einige Zeit, bis er sich daran gewöhnt. Die radioaktive Strahlung wird ihm nicht mehr schaden. Aber das ist noch Zukunftsmusik.

Wie siehst du das im Zusammenhang mit unseren Atomkraftwerken? Wird deren Strahlung ungefährlich werden? Siehst du Atomkraftwerke sinnvoll für die Zukunft?

Nein. Ich sehe sie nicht sinnvoll für die Zukunft. Im Gegenteil. Es werden andere Methoden der Energiegewinnung der Menschheit zugetragen werden, die weitaus besser sind und ungefährlicher.

Siehst du weitere und bessere Möglichkeiten, die Heilkraft der Pflanzen auszunutzen, als wir sie bisher kennen?

Es wird sich hier noch einiges verändern. Vor allen Dingen in der Homöopathie wird der Mensch weitaus höhere Potenzen für verschiedene Krankheiten einsetzen müssen, die aus Verhaltensweisen entstehen, die in den feinstofflichen Bereichen zu suchen sind.

Trifft das jetzt schon zu?

Teilweise ja.

Das heißt, dass die herkömmliche Homöopathie eigentlich schon veraltet ist?

Nein, ich möchte nicht sagen, »veraltet«. Es ist nur so, dass in Bezug auf die Homöopathie sehr vieles noch unbekannt ist. Es werden Experimente gestartet, und der Mensch geht vorsichtig vor, damit er dem anderen keinen Schaden zufügt. Aber in Wirklichkeit ist es so, dass bereits jetzt höhere Potenzen gefragt sind, um die Krankheiten der Menschen zu heilen. Zum anderen werden aus den Blumen-Blüten, aus der Farbenpracht des Pflanzenreiches, Öle hergestellt werden, die sich sehr gut auf die physische Struktur und die Gesundung des Menschen auswirken werden. Auch hier gibt es im Pflanzenreich noch einiges zu entdecken.

Könntest du die Wirkungsweise bei der Potenzierung von homöopathischen Mitteln etwas näher erklären? Bei einer Potenz von, sagen wir einmal, 100 ist ja praktisch nichts mehr Physisches enthalten. Wird die Wirkung dann auch noch anders, wenn man das Mittel noch weiter potenziert?

Die Information wird gezielter sein. Es braucht nichts Materielles, Physisches darin enthalten zu sein. Homöopathie funktioniert nur über Information.

Wird die Information auch noch besser, wenn ich statt einer Potenz 1000 eine Potenz 10000 nehme?

Es kommt darauf, was du erzielen möchtest.

Eine verstärkte Wirkung zum Beispiel.

Weißt du, das ist sehr individuell und geht jetzt in einen tieferen Bereich der Homöopathie hinein.

Könnte man bestimmte Pflanzen züchten, die uns helfen, die Vergiftung der Erde, der Umwelt überhaupt, zu lindern? Könnte man solche Pflanzen gezielt dafür einsetzen?

Grundsätzlich ist alles möglich. Nur ist es so, dass die Umweltverschmutzung dementsprechend weit ist, dass du gar nicht so viele Pflanzen züchten kannst, die hier helfen könnten.

Ich habe momentan keine weiteren Fragen zum Pflanzenreich und möchte jetzt mit Fragen zum Mineralreich fortfahren. Kannst du uns sagen, welchen Stellenwert das Mineralreich in Bezug auf die gesamte Erde einnimmt?

Es bildet die Basis für die anderen Reiche. Ohne das Mineralreich könnte weder die Menschheit noch die Erde bestehen. Erinnere dich an das Beispiel mit dem Haus, wie wichtig eine gute Basis ist, um darauf aufzubauen. Und die Basis bildet das Mineralreich.

Im Mineralreich gibt es besondere Bausteine, die wir Edelsteine und Edelmetalle nennen. Warum hat die Erde eigentlich solche Bausteine hervorgebracht?

Zum einen sind besonders die Edelsteine wichtig für die Energietransformation, gerade was die Menschen betrifft. Der Mensch kann die Edelsteine für seine Heilung benutzen. Zum anderen benutzt die Erde selbst die Edelsteine, die in ihr sind, für ihre persönliche Heilung. Die Edelsteine nehmen die Energie, die aus dem Kosmos kommt, auf und multiplizieren sie. Dasselbe tun die Edelmetalle.

Kannst du uns dafür ein Beispiel nennen und dieses Beispiel etwas näher erläutern? Welche Art von Energie wird hier transformiert?

Nehmen wir einmal Gold. In dem Moment, in dem ein Mensch Schwierigkeiten in seinem maskulinen Prinzip hat, seine maskuline

Energie nicht leben kann und dadurch unterdrückte Aggressionen und Ängste in sich birgt, die ihn zu allen möglichen Handlungen veranlassen, hat er die Möglichkeit, durch Gold diese Energien zu transformieren. Durch eine Transformation dieser Art zum Beispiel würde die Angst in Mut verwandelt oder die Aggression in Liebe. Gold würde diesen Prozess unterstützen, würde dem Menschen die Möglichkeit bieten, diese Energien oder Verhaltensweisen positiv umzuwandeln und einzusetzen.

Was bewirkt nun Gold für die Erde? Kosmische Energien erreichen die Erde, erreichen das Gold innerhalb der Erde und multiplizieren diese Energie der Erneuerung. Das bedeutet, dass durch Gold die Erde wieder mehr Kraft bekommt, dass sie sich besser regenerieren kann. Außerdem multipliziert das Gold innerhalb der Erde deren Heilenergie und gibt sie an die Menschen weiter. Die Energie wird nicht gebündelt ausgestrahlt, sondern flächendeckend verstreut.

Wir wirkt sich Goldschmuck auf den Menschen aus?

Genauso, wie ich vorhin in dem Beispiel gesagt habe. Gold unterstützt das maskuline Prinzip und wandelt destruktive Energien, die in der maskulinen Seite verankert sind, in positive Energien um. Es hat einen stärkenden Charakter.

Ist dieser stärkende Charakter umso stabiler, je mehr Gold ich trage?

Auch hier muss ein Gleichgewicht sein. Es kommt darauf, inwieweit die maskuline Seite unterstützt werden sollte. Doch meist ist es so, dass sich der Mensch entweder zu Gold- oder Silberschmuck hingezogen fühlt.

Welche Wirkung hat eine sehr große Ansammlung von Gold – wenn zum Beispiel in einem Banktresor einige Tonnen Gold lagern?

Nun, das strahlt aus, wie ich eben sagte. Es wirkt sich auf das gesamte Umfeld aus. Denn diese Energie ist sehr hoch. Das Gold nimmt Energie aus dem Kosmos auf und verstreut sie. Es nimmt aber auch Energie aus seinem Umfeld auf und verstreut sie. Man kann das nicht verallgemeinern. Denn wenn du davon ausgehst, dass das Umfeld negativ, destruktiv ist, so wird diese Energie ebenfalls ausgestrahlt.

Wie wirkt sich Silber aus?

Silber unterstützt mehr die feminine Seite.

Kann sich die Energie eines Metalls oder Edelsteins auch aufbrauchen?

Natürlich. Wenn du eine positive Information dort hineingibst, dann wird diese positive Information abgestrahlt, und irgendwann verbraucht sich diese Energie.

Hat bei den Edelsteinen die Farbe eine besondere Bedeutung in der Wirkung dieses Steines?

Ja, natürlich. Denn der Mensch reagiert auf jede Farbe anders. Warum suchst du dir zum Beispiel einen Edelstein in einer besonderen Farbe aus? Weil du genau diese Farbe in Verbindung mit der Schwingung des Steines brauchst.

Wie ist das bei klaren, durchsichtigen Edelsteinen, wie zum Beispiel beim Diamanten oder beim Bergkristall?

Genauso.

Aber die haben doch keine bestimmte Farbe.

Warum haben sie keine Farbe? Ich würde das nicht sagen, im Gegenteil. Halte sie gegen die Sonne, und du siehst, dass sie alle Farben beinhalten.

Wie siehst du die Bedeutung der Kohle?

Sie ist ein Baustein der Erde.

Ich meine jetzt nicht nur als Brennstoff. Hat sie auch eine besondere Bedeutung für die Erde?

Sie ist ein Baustein der Erde. Und sie hilft ihr, sich wieder zu regenerieren innerhalb der Erde selbst.

Also ist es eigentlich schädlich für die Erde, Kohle abzubauen und zu verbrennen?

Ich würde nicht sagen, »schädlich«. Es kommt auf das Verhältnis an: Die Erde muss in der Lage sein, diesen Baustein wieder neu zu erzeugen.

Aber das dauert doch Millionen von Jahren!

Das ist mir bekannt. Deshalb sagte ich ja, es ist nicht unbedingt schädlich, es kommt auf die Menge an.

Wie siehst du den Kohleabbau jetzt? Ist es zu viel?

Ich würde sagen, dass es gerade noch im erträglichen Rahmen ist. Weitaus schlimmer für die Erde sind die unterirdischen Atomversuche. Denn dadurch entsteht eine Erschütterung, die durch viele Schichten tief in die Erde dringt.

Haben diese Atomversuche also eine Auswirkung?

Natürlich.

Ich meine im Sinne von Erdbeben oder Vulkanausbrüchen. Kann man das in einen Zusammenhang bringen?

Das kann man nicht nur, das muss man. Und die Wissenschaftler wissen darüber Bescheid.

Warum wird das trotzdem noch gemacht?

Es steckt eine Menge Macht und Geld dahinter. Der Mensch fragt in diesem Fall nicht nach den Auswirkungen.

Könnte man die Energie, die in Edelmetallen oder Edelsteinen steckt, gezielter nutzen, als wir es bis jetzt tun?

Weißt du, man könnte im Grunde genommen alles viel gezielter einsetzen, wenn der Mensch bereit wäre, wirklich etwas für sich und die Erde zu tun. Doch davon ist er weit entfernt. Es stehen immer noch die egoistischen Ziele im Vordergrund, und das Machtstreben auf diesem Planeten ist es, was die Menschen vorantreibt.

Vywamus, wenn ich davon ausgehe, dass Mineralien auch Lebewesen sind, dann möchte ich dir die Frage stellen: Kann so ein Mineral auch sterben?

Weißt du, es gibt keinen Tod. Wie sollte dann ein Mineral sterben können?

Na ja. Ich meine, Menschen und Tiere können sterben – aus unserer Sicht.

Ein Mineral stirbt nicht.

Das heißt, wenn ein Mineral verarbeitet wird, dann verändert sich nur das Bewusstsein? Zum Beispiel von Stein zu Mehl.

So könnte man es sagen. Die Form verändert sich, und auch die Information.

Was passiert, wenn ein Mensch Mineralien zu sich nimmt? Was nimmt er da auf?

Die Information, die in den Mineralien enthalten ist.

Wenn das Mineral jetzt zum Beispiel Bestandteil eines Knochens wird – verändert sich dann diese Information?

Sie muss sich dem angleichen, wo es hinkommt. Die Information verbindet sich mit der Energie, in die sie aufgenommen wird. So verbindet sich zum Beispiel ein Mineral mit dem physischen Körper, indem es gegessen wird. Es verbraucht sich genauso wie die Nahrung und fügt sich dem physischen Organismus ein.

Wenn man davon ausgeht, dass Häuser auch aus Mineralien gebaut werden, heißt das, dass man auch die Baustoffe immer wieder mit neuer Information versehen sollte – diese Baustoffe nehmen ja auch Energie von außen auf?

Das könnte man tun. Weißt du, wir gehen davon aus, dass alles lebt, dass alles durchdrungen von der Energie der Quelle ist. Das bedeutet für uns, dass alles Bewusstsein hat. Dass alles aus verschiedenen Informationen besteht, die austauschbar sind. Und so kann ich natürlich diese Energien gezielt einsetzen.

Das heißt, ich kann auch ursprünglich destruktive Informationen, die in die-

sen Baustoffen enthalten sind, transformieren und mit einer neuen Information versehen?

Natürlich. Doch davon ist die Menschheit noch weit entfernt. Weil sie gar nicht von dieser Möglichkeit ausgeht. Weil der Mensch grundsätzlich glaubt, dass ein Stein zum Beispiel nicht in der Lage ist, Informationsträger zu sein.

Wie kann ich einem Stein eine andere Information geben?

Das geschieht über die Gedanken, die mentale Kraft.

Über das Dritte Auge?

Zum Beispiel. Weißt du, die gesamte Menschheit ist sich darüber noch nicht im Klaren, wie stark die Gedanken wirken können und was sie bewirken. Und das ist bei dem momentanen Bewusstsein der Masse auch gut so.

Wie siehst du die Verbindung von Mineralien, zum Beispiel Beton, für den Hausbau – aus energetischer Sicht?

Beton ist nicht so gut für die energetische Verbindung zur Erde und zum Kosmos. Er braucht sehr lange, um für die Energien durchlässig zu werden. Aber auch hier gibt es die Möglichkeit, diesen Baustoff mit anderen Informationen zu versehen, sodass eine bessere Durchlässigkeit gewährleistet ist.

Vywamus, wenn es Naturgeister gibt – gibt es spezielle Geister, die man den Mineralien oder Edelsteinen zuordnen könnte?

Aber natürlich. Es gibt viele Helfer in den unterschiedlichen Reichen, die zur Aufgabe haben, einen energetischen Austausch herzustellen, zum Beispiel zwischen den unterschiedlichen Steinen, die behilflich sind, eine Kommunikation zwischen Mineral-, Pflanzen- und Tierreich zu ermöglichen. Ebenso wie den Menschen viele Engelwesen umgeben und da sind, um ihn zu leiten, gibt es Wesenheiten in den anderen Reichen, die eine gleichartige Aufgabe haben.

Was sind Devas? Welche Aufgabe haben sie?

Das sind Wesenheiten, die einen größeren Bereich in den unterschiedlichen Reichen, ich würde sagen, beschützen, repräsentieren.

Können das auch ganze Landschaftsabschnitte sein?

Natürlich.

Wie sieht es mit Bergen aus – kann man deren konzentrierte Energie nutzen?

Was meinst du mit »nutzen«?

Für einen heilsamen Transformationsprozess einsetzen.

Ja, das kann man. Doch dazu braucht der Mensch gewisse Voraussetzungen. Er muss fähig sein, mit dieser Energie umzugehen. Fast jeder Berg wird von einer Deva beschützt und durchdrungen. In dem Moment, in dem du die Möglichkeit hast, mit dieser Wesenheit in Kontakt zu kommen, hast du einen guten Gesprächspartner in deinem Bestreben, diese Energie umzusetzen. Aber wie gesagt: Man muss wissen, wie man mit diesen Energien umgeht.

Es genügt also nicht, dass ich in diesen Berg eine bestimmte Information hineinsende?

Das alleine würde nicht genügen. Weißt du, das ist sehr ungenau ausgedrückt. Es kommt darauf an, was du erzielen möchtest, welche Energie du von diesem Berg brauchst. Natürlich hat der einzelne Mensch die Möglichkeit, sich Energie von einem Berg zu holen. Zum Beispiel Energie, um sich selbst zu heilen. Oder Energie, um stabil und stark zu sein. Es gibt hier einige Möglichkeiten.

Wie siehst du die sogenannten Ley-Linien, die energetischen Kraftpunkte, die in bestimmten Linien über die Erdoberfläche angeordnet sind?

Was meinst du genau dazu? Deren Bedeutung?

Ja.

Nun, die energetische Bedeutung sehe ich so, dass hier Energie konzentriert aufgenommen und verteilt wird.

Warum liegen sie jeweils genau auf einer Linie?

Das ist nach einem bestimmten Konzept angeordnet, nach dem die energetische Verteilung am besten funktioniert.

Und wer hat dieses Konzept geschaffen?

Es ist aus der Quelle entstanden.

Damit hat also der Mensch nichts zu tun, er hat es nur genutzt, in früheren Zeiten?

Das kann man nicht so sagen. Ich würde sagen, dass die Idee aus der Quelle stammt und der Mensch der Nutznießer ist.

Wie siehst du den gesamten Straßenbau für die Erde?

Viel zu belastend für die Erde.

Liegt das am Baustoff?

Nein, es gibt zu viele Straßen.

Gibt es auch zu viel Verkehr?

Aber natürlich. Das ist weltweit bekannt.

Könnte man dieses Problem durch andere Alternativen des Verkehrs lösen, oder würdest du vorschlagen, generell weniger zu reisen?

Dazu kann ich nur sagen, dass es bereits Alternativmethoden gibt, die aber nicht bekannt gegeben werden.

Kannst du das näher erklären?

Nun, es gibt in jeder Hinsicht weitaus umweltfreundlichere Möglichkeiten des Verkehrs. Doch würden diese bekannt oder eingeführt werden, dann wäre der Verdienst für die Obrigkeiten entsprechend gering. Und aus diesem Grund wird dieses Wissen zurückgehalten.

Ich habe noch eine Frage zu Gesteinen. Wie würde sich Mondgestein auf den Menschen auswirken, wenn er solche Mineralien zu sich nimmt?

Das ist eine gute Frage. Die Energie dieses Gesteins würde gezielt auf die feminine Seite einwirken. Es würde die Intuition des Menschen stärken und seine Wahrnehmung würde sich erweitern.

Würde das auch auf Gestein anderer Planeten zutreffen?

Die Auswirkung würde anders sein, weil die Information des Gesteins anders ist.

Das heißt, wenn man sich mit anderen Planeten bewusst verbindet – energetisch gesehen –, könnte man sich auch entsprechend heilen?

Aber natürlich. Du kannst dich allein in deiner Vorstellung, indem du deine Wahrnehmung ausdehnst, mit allem verbinden, was ist – auch mit einem anderen Planeten, um die positive Energie dieses Planeten in dich aufzunehmen.

Vom Mond sind ja schon Gesteinsbrocken mitgenommen worden. Warum haben die Menschen nichts herausfinden können, was den Unterschied zu Erdgestein betrifft?

Weil sie nicht in der Lage sind, mit dieser Energie umzugehen. Sie sind nicht in der Lage, mit feinstofflichen Dingen und Energien auf der Erde umzugehen – warum sollten sie dann in der Lage sein, das anders zu handhaben, wenn es um Mondgestein geht? Sie zerlegen diese Dinge in alle möglichen Bestandteile, doch das Wichtigste, die Information in den feinstofflichen Bereichen, können sie nicht erfassen.

Besteht die Möglichkeit, diese Informationen technisch erfahrbar zu machen?

Zum jetzigen Zeitpunkt noch nicht. Aber ich möchte noch etwas zur Sonne sagen. Es ist das Gegenteil vom Mondgestein – was die Sonne bewirken kann, wäre der Gegenpart zum Mondgestein. Es wäre eine Ergänzung, die innerhalb der Polarität sehr wichtig wäre, um hier ins Gleichgewicht zu kommen. Die Sonne alleine beinhaltet sehr viel Heilenergie, sehr viel Aktivität, die sie den Menschen auch tagtäglich gibt.

Damit meinst du die Strahlung der Sonne?

Ja.

Gilt das auch für den Mond, für dessen Strahlung?

Ja. Diese beiden Planeten stellen die Polarität dar. Die Sonne ist männlich, der Mond weiblich. Und umgesetzt wird diese Energie hier auf diesem Planeten innerhalb der Polarität.

Wie sieht es mit der Strahlung der anderen Planeten aus?

Sie gehören dazu und leisten ihren Beitrag. Sie strahlen auf die Erde aus und unterstützen sie in der energetischen Umwandlung innerhalb dessen, was als Umweltverschmutzung und Verschmutzung generell in den feinstofflichen Bereichen der Erde ist – sie speisen die Erde.

Welche Bedeutung haben die Ozonlöcher für die Erde – energetisch gesehen?

Energetisch gesehen bewirken sie, dass die Energie, die vermehrt aus dem Kosmos kommt, nicht mehr gefiltert werden kann. Sie kann nicht mehr vorbereitet werden, und so dringt diese Energie auf die Erde ein und ist eigentlich zu stark, sie kann nicht umgesetzt werden. Das führt zu Schädigungen, sei es nun in den unterschiedlichen Reichen oder für die Menschen selbst. Dadurch entstehen vermehrt Hautkrankheiten bei den Menschen. Auch das Klima ist sehr stark davon beeinflusst. Für den Menschen und seinen Lernprozess auf der Erde sehe ich die Bedeutung so, dass der Mensch sein Dasein übertrieben hat. Er hat seine Kompetenzen zu weit ausgedehnt und gesprengt. Aus der Unverantwortlichkeit ist Fahrlässigkeit geworden.

Wie können wir die Ozonlöcher wieder schließen?

Das ist ein sehr schwieriges Unterfangen. Vor allen Dingen ist es abhängig vom Massenbewusstsein. Ich habe schon oft gesagt, dass das Massenbewusstsein nicht auf dem Niveau ist, dass es so ohne Weiteres ein Ozonloch schließen kann. Dazu gehört weitaus mehr, ein ganz anderes Bewusstsein. Ich weiß, dass sehr viele Helfer aus der feinstofflichen Welt daran arbeiten. doch das reicht nicht aus. Es sollte auch für die Menschen lehrreich sein, zu sehen, dass es ein Gesetz von Ursache und Wirkung gibt, und dass all das, was sie verursachen, irgendwann zu einem bestimmten Zeitpunkt auf sie zurückkommt. Das betrifft alles, sei es nun positiv oder negativ.

Möchtest du, Vywamus, zum Thema Mineralreich noch etwas hinzufügen, was wichtig wäre aus deiner Sicht?

Ich denke, dass es im Moment genug ist.

6

Ich möchte nun mit Fragen zum Thema »Polarität« fortfahren. Kannst du uns zuerst einmal erklären, wie du die Polarität als solche siehst?

Nun, die Polarität ist eine Energieform, die hier auf der Erde einmalig ist. Sie bietet der Quelle, die sich in viele Aspekte aufgespalten hat, die Möglichkeit, das Wertungssystem zu entdecken und zu leben.

Hat es eine bestimmte Bedeutung, dass die Polarität gelebt wird?

Es ist so, dass die Quelle sich entschlossen hat, das Experiment »Polarität« zu starten. Denn sie ist eine Energieform, die in ständiger Entwicklung ist, die sich immer wieder neue Lernprozesse, Experimente, sucht. Und so ist die Polarität entstanden.

Welche der beiden Seiten der Polarität war diejenige, die von Beginn an vorherrschend war? Es ist ja nie ein vollkommenes Gleichgewicht vorhanden.

Es wird auch hier auf der Erde kein vollkommenes Gleichgewicht geben. Denn die Entwicklung der Erde, der gesamten Menschheit, ist wellenförmig angeordnet. Es ist eine sich ewig bewegende Energie, die auf und ab geht. Wobei du dem Auf die weibliche Energie zuordnen könntest und dem Ab die männliche, oder umgekehrt. Zu Anbeginn der Erde war es so, dass sie im Sinne der Polarität neutral war. Diese Energie ist erst im Laufe der Zeit gewachsen. Es waren bereits Wesenheiten, Menschen, auf der Erde, die erst später langsam mit der Energie der Polarität konfrontiert wurden.

Die Polarität, die zu Anbeginn vorherrschend war, war die weibliche Polarität. Die weibliche Polarität, die symbolisch für das Empfangende, für die Göttin steht. So sind auch die Göttinnenbilder entstanden. Die Frau wurde in der damaligen Zeit verehrt und als etwas Besonderes gesehen, weil sie in der Lage war, zu empfangen und zu gebären. Lange Zeit war die feminine Polarität vorherrschend. Und je stärker eine Seite der Polarität wird, desto mehr »rebelliert« die andere. So kam es zu vielen Machtkämpfen zwischen diesen beiden Polaritäten. Das hat sich so ausgewirkt, dass die maskuline Polarität, für die der Mann steht, versucht hat, die weibliche Polarität, die Frau, zu unterjochen. So wurde den Frauen sehr viel angedichtet. Es musste das gesamte Bild der Frau, das Bild der Göttin, zerstört werden, damit der Gott entstehen konnte, der die maskuline Polarität darstellte. So gibt es in der Geschichte der Erde, der Menschheit, viele Auf und Ab, wo einmal diese Seite der Polarität und einmal die andere stärker war.

Warum haben heute so viele Frauen Schwierigkeiten mit ihrem Frau-Sein, beziehungsweise Männer mit ihrem Mann-Sein?

Das kommt daher, weil die Menschheit nicht mehr weiß, was es bedeutet, Frau zu sein oder Mann zu sein. Es gibt im Massenbewusstsein bestimmte Vorstellungen und Klischees, die den Geschlechtern jeweils aufoktroyiert wurden. Aus diesem Grund haben sie große Schwierigkeiten, sich mit dem zu identifizieren. Denn irgendwo, in ihrem Innersten, wissen sie, dass das, was sie vorgeben zu sein, nur ein Abklatsch von der wahren femininen oder maskulinen Polarität ist.
Der Mann zum Beispiel wird gezwungen, stark zu sein, er wird gezwungen, Gefühle zu verdrängen. Der Mann der Jetztzeit ist alles andere als das, was er wirklich verkörpern möchte. Er wird sozusagen von der Gesellschaft, vom Massenbewusstsein, in eine Rolle hineingezwungen, die sich gegen das Mensch-Sein richtet. Der Mann darf seine Gefühle nicht offenbaren, er darf nicht schwach sein, er

muss immer die Stärke verkörpern, denn das entspricht der Vorstellung des maskulinen Prinzips, das im Massenbewusstsein verankert ist. Aus diesem Grund gerät er innerlich in Konflikte und weiß nicht, wie er sie ausleben soll. Das äußert sich meist in Aggressionen und unterdrückter Wut, die sich schlussendlich im physischen Körper als Krankheit breit machen. Bei der Frau ist es ähnlich gelagert. Auch sie wird durch die Vorstellung im Massenbewusstsein zu einem Verhalten gezwungen, das dem Mensch-Sein nicht entspricht.
Diese beiden Komponenten, sei es nun das Frau- oder das Mann-Sein, sind dadurch schwer belastet. Aus diesem Grund kann sich weder die eine noch die andere Partei einander näher kommen. Denn jeder ist gezwungen, seine Rolle zu spielen, auch wenn es dem Innersten des Menschen total widerspricht. Ihr seht selbst, dass sich die Lage auf der Erde zuspitzt, dass die Frauen gegen das zwanghafte Frau-Sein rebellieren und ebenso die Männer. In Bezug auf die Polarität kann sich nur dann etwas verändern, wenn beide Parteien die Maske vom Gesicht nehmen und jeder das lebt, wozu ihn sein Innerstes eigentlich veranlasst. Solange dies nicht der Fall ist, werden sich die beiden Polaritäten immer wieder gegenseitig die Schuld zuschieben.

Warum herrscht bei den Menschen so viel Angst in Bezug auf die maskuline Polarität, die so oft mit Macht und Gewalt gleichgesetzt wird?

Das kann ich dir sagen. Es kommt daher, dass nur ein Teil der maskulinen Polarität bekannt ist. Und das ist der »zerstörende« Aspekt. Niemand kommt auf die Idee, den maskulinen Pol als das umsetzende Organ zu sehen, denn die maskuline Seite ist dazu da, das, was in der femininen Seite produziert wird, zu realisieren. Und sie kann nur das realisieren, was ihr gegeben wird. Ohne die maskuline Seite wäre es sehr schwierig, etwas in die Realität zu bringen, umzusetzen, dynamisch zu sein, spontan zu sein. Der Mensch muss erkennen, dass beide Energien, die feminine und die maskuline, in jedem Sinn nutzbar gemacht werden können, ob nun negativ oder positiv. Es ist ein Umdenken im Blick auf diese Energien notwendig, ein besseres Erkennen, ein Verständnis für beide Seiten zu entwickeln.

Von den Menschen wird oft die maskuline Seite als die brutale, die kriegerische Seite hingestellt. Siehst du das auch so?

Ich glaube, diese Frage habe ich bereits beantwortet. Ich sehe beide Energien als neutral, die über Informationen gezielt eingesetzt werden können. Ausschlaggebend ist die jeweilige Information und Motivation, welche Seite ich gebrauche.

Beim Thema Polarität liegt die Frage nach der Sexualität nahe. Kannst du uns die Frage beantworten, warum es eigentlich die Sexualität gibt?

Zunächst einmal kann ich dazu sagen, dass die Sexualität nur innerhalb der Polarität bestehen kann, eben weil es einen weiblichen und einen männlichen Pol gibt. Zum anderen gibt es die Sexualität aus dem Grund, dass sich der Mensch fortpflanzen kann. Und dann gibt es noch einen spirituellen Überbegriff der Sexualität. Ich möchte es so benennen: Durch die Sexualität, durch die Vereinigung von Mann und Frau hat der Mensch die Möglichkeit, sich innerhalb der Polarität auf diesem Planeten in einen anderen Bewusstseinszustand hochzuheben. Das ist auch ein Grund, warum der Mensch die Sexualität immer wieder erleben möchte.

Was ist gemeint mit dem anderen Bewusstseinszustand? Könntest du das näher erläutern?

Während der Vereinigung von Mann und Frau erreicht der Mensch in einem erhöhten Bewusstseinszustand wieder das Gefühl von Eins-Sein, das sehr wichtig ist, das ihn wieder daran erinnern sollte, dass er nicht alleine ist, dass es eine große, übergeordnete Einheit gibt. Obwohl dieses Gefühl, das während des Orgasmus erreicht wird, nur

Sekunden dauert, erinnert es den Menschen daran, dass es weit mehr gibt als nur die Verbindung von Mann und Frau, dass es ein Eins-Sein gibt. So ist es auch im Sinne der Quelle gedacht. Das ist der andere oder höhere Bewusstseinszustand, nach dem du gefragt hast.

Ist das der alleinige Grund, das Erreichen eines höheren Bewusstseinszustandes? Ich meine, die Sexualität hat in der heutigen Gesellschaft doch offensichtlich einen sehr großen Stellenwert.

Nun, weißt du, du musst diese Geschichte vom gesamten Massenbewusstsein her sehen. Es gibt nicht sehr viele Menschen, die sich Gedanken darüber machen, was die Sexualität wirklich für sie bedeutet, was das Verbinden der Energien und das Empfinden eines Orgasmus für sie bedeutet. Sie sehen in erster Linie eine Befriedigung ihrer Bedürfnisse. Sie erkennen nicht den wahren Hintergrund. Die Sexualität wurde von den Menschen nur benutzt. Der wahre Stellenwert ist ihnen nicht mehr bekannt. Deshalb gibt es auch viele »Abartigkeiten«. Durch diese Abartigkeiten sucht der Mensch immer weiter nach einer Einheit. Er sucht diese Einheit im Außen, möchte sie ausdehnen, weil er blind für die wahren Hintergründe ist.

Wenn du die Abartigkeiten ansprichst – wie würde es denn aussehen, die Sexualität im ursprünglichen Sinne zu leben?

Nun, es würde so aussehen, wie ich bereits sagte. Dass der Mensch innerhalb der Vereinigung zwischen Mann und Frau wieder das Gefühl des All-Eins-Seins erreicht. Dass er sich bewusst wird, dass er hier auf der Erde als Individuum nicht alleine ist, dass er zu einem großen Ganzen gehört.

Ich nehme noch einmal Bezug auf die Abartigkeiten. Das ist eine Beschreibung, die sehr unklar ist. Was genau meinst du damit?

Zum Beispiel, dass Kinder von Erwachsenen benutzt werden, um ihre Begierden zu befriedigen. Dass Menschen sich gegenseitig quälen müssen, um Lust zu empfinden. In dem Moment, in dem der Sexualität die Göttlichkeit, die Liebe entzogen wird, möchte ich von Abartigkeiten sprechen. Wenn die Sexualität benutzt wird, um zu leiden, um alte Schuldgefühle auszuleben, die irgendwann in der Vergangenheit entstanden sind. Abartigkeit ist für mich das negative Benutzen der Sexualität, die im Sinne der Quelle eine göttliche Energie ist, die nur auf diesem Planeten existiert.

Warum gibt es eigentlich die Geschlechtskrankheiten?

Sie sind entstanden, weil die Menschen die Sexualität nicht richtig eingesetzt und gelebt haben. Weil die Sexualität in den Schmutz gezogen wurde und behaftet ist mit Schuldgefühlen. In all der Zeit, oder besser gesagt, seitdem es Menschen auf diesem Planeten gibt, hat es immer wieder Systeme gegeben, die die Sexualität in den Schmutz gezogen haben, sie verurteilt haben, als Teufelswerk bezeichnet haben. Aus diesem Grund, und das ist nur einer von vielen, hat der Mensch den Bezug zu dieser Energie missverstanden und so dementsprechend ausgelebt. Schau dir an, was bei Menschen geschieht, die die Sexualität permanent unterdrücken, die sie nicht leben. Irgendwann reagiert der physische Körper darauf und lebt diese unterdrückte Energie in Form einer Krankheit aus.
Sexualität ist etwas Natürliches. Es ist etwas, das zum Menschen gehört. Es ist auch eine Abartigkeit, die Sexualität nicht zu leben. Das ist menschenfeindlich, es dient dem Menschen in keinster Weise.

Wenn ich so schaue, wo die Menschen heute Probleme im Zusammenhang mit der Sexualität haben, dann tritt das meistens dort auf, wenn in einer Zweierbeziehung ein dritter Partner dazukommt – dann ergibt sich eben ein Problem. Warum geschieht dies immer ausgerechnet über die Sexualität?

Das ist nur eine Vorstellung von dir. Es geschieht nicht nur über die Sexualität. In dem Moment, wenn zwei Partner zusammen sind und ein dritter kommt hinzu, dann setzt etwas ein, das mit Besitzdenken zu tun hat. Der andere glaubt, seinen Partner besessen zu haben. Aus diesem Grund sind dann Schmerz und Traurigkeit das Resultat. Die Sexualität steht meist an zweiter Stelle. Ausschlaggebend ist immer das Besitzdenken.

Ist es dann nicht ein Freibrief, wenn ich sage: O. K., ich empfinde für jemanden etwas – dass ich dann die Beziehungen öfter wechseln kann?

So würde ich es nicht sehen. Ausschlaggebend ist doch in jeder Beziehung, wie weit ich aufgrund meines Lernprozesses und meiner Verabredung mit meinem jetzigen Partner gekommen bin. In dem Moment, wenn eine Beziehung noch nicht erledigt ist, werden sich beide Parteien immer wieder begegnen. Sei es nun in dieser Inkarnation oder zu einem späteren Zeitpunkt. Du kommst nur mit einem Partner zusammen, mit dem du etwas zu erledigen hast. Einen Lernprozess zum Beispiel, ein Loslassen aus der Vergangenheit, in der eben zum Beispiel ein Besitzanspruch sehr stark gelebt wurde. Ich sehe es nicht als einen Freibrief in dem Sinne, dass ich andauernd meinen Partner wechseln kann. Das ist ohnehin eine Sache des Bewusstseins. Wenn der Mensch sich bewusst ist, was es bedeutet, eine Partnerschaft einzugehen, und er die dementsprechende Verantwortung mitbringt, diesen Lernprozess jetzt durchzugehen, dann hat er nicht das Bedürfnis, andauernd andere Partner zu besitzen. Dann ist eine gegenseitige Freiheit da. Man kann sich respektieren. So lange, bis der Lernprozess abgeschlossen ist.

Ich habe da noch eine Frage zu den Geschlechtskrankheiten. Ich möchte das Thema AIDS ansprechen. Hat diese Krankheit den Menschen einen bestimmten Lernprozess zu vermitteln?

Natürlich, wie jede Krankheit, die sich so flächendeckend ausbreitet. Ich habe schon des Öfteren gesagt, dass diese Krankheit aus den Schuldgefühlen, die im Massenbewusstsein in Bezug auf die Sexualität verankert sind, entstanden ist. Das Missverstehen der Sexualität gegenüber ist ausschlaggebend.

Warum gibt es eigentlich gerade im Zusammenhang mit der Sexualität so viele Schuldgefühle?

Das sagte ich bereits. Viele Systeme in der Geschichte der Menschheit haben die Sexualität verteufelt. Aus diesem Grund hat der einzelne Mensch Schuldgefühle, wenn er sich seiner eigenen Sexualität zuwendet.

Aber warum wurde ausgerechnet die Sexualität so verteufelt?

Das ist eine gute Frage. Weil sie etwas ist, das dem Menschen zum einen Lust vermittelt und zum anderen das Gefühl der Einheit wiedergibt. Das war nicht im Sinne vieler Systeme. Die Sexualität ist die stärkste Kraft im Menschen.

Wenn du sagst, sie ist die stärkste Kraft im Menschen, dann könnte ich doch auch sagen: Je stärker und je mehr ich meine Sexualität lebe, desto stärker bin ich als Mensch.

Ich meine mit der stärksten Kraft im Menschen, dass in dem Moment, in dem ich mich der Sexualität in mir hingebe, beide Seiten, die feminine und die maskuline Seite, in mir beteiligt sind, sich miteinander verbinden, und dadurch eine geballte dynamische Kraft entsteht. Das hat nichts damit zu tun, wie oft du deine Sexualität lebst. Es bedeutet nicht, dass du dadurch mehr Kraft für dich selbst bekommst. Du kannst diese Kraft in deinem physischen Körper einsetzen. Und das tut der Mensch generell, insofern durch den Geschlechtsverkehr der physische Körper stabiler wird. Der Kreislauf wird angeregt, die Durchblutung gefördert u. v. m. Das Optimum wäre, wenn der Mensch in der Lage wäre, diese Energie für sein spirituelles Wachstum umzusetzen. Doch darauf sind nur wenige ausgerichtet.

Und wie kann ich diese Energie für mein spirituelles Wachstum einsetzen?

Ich sagte bereits, dass es über den Geschlechtsverkehr nicht möglich ist. Du kannst über eine Meditation beide Seiten miteinander verbinden und dann diese Energie aus deinem Polaritätschakra nach oben zu deinem Dritten Auge bringen, um sie von dort aus gezielt in bestimmte Bereiche deines Seins zu senden. Doch wenn du nur diesen Weg wählst, wirst du nicht zufrieden sein. Denn du bist ein Mensch und hast einen physischen Körper.

Vywamus, aufgrund welcher Vorstellung ist die gleichgeschlechtliche Beziehung entstanden?

Zum einen ist es die Angst vor der Frau oder dem Mann als Partner. Zum anderen ist es ein Problem der Polarität in sich, Angst, eine Seite zu leben, entweder die feminine oder die maskuline. Dann gibt es noch den Faktor, dass sehr viele Menschen in früheren Zeiten negative Erfahrung gemacht haben, sei es nun mit Männern oder mit Frauen. Dann wählt man sich eine Inkarnation, in der man mit einem gleichgeschlechtlichen Partner zusammen ist. Was notwendig und richtig ist in dem Moment, aber von der Gesellschaft verurteilt wird. Ich würde eine gleichgeschlechtliche Beziehung nicht als abartig bezeichnen.

Warum tut es aber die Gesellschaft?

Weil die Vorstellung in der Gesellschaft verankert ist, dass nur ein

Pärchen, also Mann und Frau, eine geschlechtliche Beziehung miteinander eingehen dürfen.

Wie siehst du das Problem des Inzests?

Nun, ich sehe es nicht als so ein Problem, als das es die Menschen sehen. Die Ursache dafür liegt meist in einer früheren Inkarnation, in der bereits dasselbe geschehen ist, nur in umgekehrter Rollenverteilung. In Bezug auf dieses Problem ist es schwierig für den Menschen, die übergeordnete Sichtweise zu erkennen. Dass diese Ursache in einer früheren Inkarnation zu suchen ist. Außerdem ist es sehr individuell.

Warum ist es in der heutigen Gesellschaft so, dass die Sexualität hauptsächlich von jüngeren Menschen gelebt wird und von älteren kaum mehr?

Weißt du, auch hier ist es ein Problem der Gesellschaft. Es wird den älteren Menschen abgesprochen, sexuelle Empfindungen zu haben. Das schickt sich nicht. Zum anderen ist oftmals der Faktor bestimmend, dass sich viele Menschen im Laufe einer gewissen Zeit auseinanderleben. Dass Missverständnisse herrschen. Dass der eine Partner nicht auf den anderen eingehen kann oder will. Sexualität ist immer noch ein Tabu-Thema, über das man nicht spricht. Vor allen Dingen die ältere Generation ist sehr davon betroffen.
In Bezug auf die Sexualität muss sich hier auf der Erde noch sehr viel verändern. Es ist wichtig, den Kindern ihre Sexualität nicht abzusprechen, sondern offen mit diesem Thema umzugehen. Es ist wichtig, die Sexualität, wie sie in ihrem Ursprung gedacht ist, wieder zu leben. Dass sie ein Teil des Menschen ist. Dass nichts Schlechtes an ihr ist, außer der Mensch benutzt sie dazu und gibt der Sexualität eine negative Absicht.

Welche grundsätzlichen Verhaltensmuster sind im Massenbewusstsein vor-

handen, die den Mann beziehungsweise die Frau in ihrem sexuellen Verhalten beeinflussen?

Es sind viele Verhaltensmuster, die sich im Laufe der Geschichte des Menschen entwickelt haben und die in ihrer Gültigkeit sehr präsent sind. Zum einen hat die Rolle der Frau viel mit Unterdrückung zu tun. Viele Frauen glauben, dass sie in Bezug auf die Sexualität für den Mann nur ein Mittel zum Zweck sind. Dass sie von der maskulinen Polarität benutzt werden. Dass sie sich als Frau benutzen lassen müssen, weil es ihre Aufgabe sei, für den Mann da zu sein und Kinder zu gebären. Natürlich rebelliert die feminine Polarität dementsprechend gegen die maskuline. Das ist ein Problem innerhalb der Polarität, das wir schon einmal angesprochen haben. Der Mann hingegen glaubt zum Beispiel, dass er potent sein und durch die Sexualität seine Männlichkeit immer wieder unter Beweis stellen muss. Das ist ein Muster, das im Massenbewusstsein sehr stark vertreten ist: Als Mann bist du so stark, wie du potent bist. Das ist ein Druck, der auf vielen Männern lastet und sie in die Impotenz führt.

Woher rührt dieses eigenartige Verhalten, sich immer wieder sexuell beweisen zu müssen?

Das ist durch Vorstellungen entstanden, wie die maskuline Seite, der Mann, sein sollte. Erinnere dich daran, als wir vom Anbeginn gesprochen haben, als die Polarität auf der Erde entstanden ist. Dass die feminine Seite diejenige war, die stärker und mehr präsent war. So musste sich die maskuline Seite dementsprechend behaupten. Sie musste stärker als die feminine werden, und so ist eigentlich das ursächliche Muster entstanden, die Frau zu unterwerfen.

Hat Sexualität auch etwas mit Erfahrungen zu tun?

Mit Erfahrungen sicherlich. Die Erfahrungen, die du in früheren

Zeiten oder in dieser Inkarnation in Bezug auf die Sexualität gemacht hast, prägen dich. Sie veranlassen dich, auf gewisse Verhaltensweisen zu reagieren.

Warum suchen manche Menschen den Geschlechtsverkehr mit mehreren Personen – sprich Gruppensex?

Das kommt daher, dass sie im Außen suchen, was sie in ihrem Inneren vermissen. Auch die Anerkennung und die Lebensberechtigung. Ich würde es als Ablenkungsmanöver bezeichnen. Eine Ablenkung von sich selbst. Die Bestätigung, dass ich gut und begehrenswert bin, ist unter anderem ein Faktor, der den Menschen dazu veranlasst, immer wieder andere Partner zu wählen.

Welche Zwänge stehen hinter dem Verhalten, sich sexuell zu verweigern?

Weißt du, das können verschiedene Dinge sein, die auch sehr individuell sind. Zum einen sind Erinnerungen aus der Vergangenheit da, wo Sexualität und Gewalt sehr eng miteinander verbunden waren. Wo sich der Mensch benutzt und ausgenutzt fühlte.

Ist das nicht auch zugleich Selbstbestrafung?

Man könnte es wohl so nennen. Denn man nimmt sich dadurch die Möglichkeit, die Sexualität als göttliche Energie anzunehmen. Außerdem herrscht ein Muster sehr stark vor, das ich jetzt in diesem Moment im Massenbewusstsein sehe und das immer mehr zum Tragen kommt. Das Muster sagt aus, dass Sexualität mit Spiritualität unmöglich zu verbinden sei. Hier hat die Religion einen großen Beitrag dazu geleistet, dass die Sexualität als göttliche Energie abgelehnt wird, dass sie als Behinderung angesehen wird. Dieser Glaubenssatz ist sehr tief im Massenbewusstsein verankert und erzeugt zudem Schuldgefühle.

Wie stehst du zur Verhütung?

Dazu kann ich nur sagen, dass jeder Mensch für sich selbst verantwortlich ist. Wenn du die Entwicklung der Menschheit anschaust und siehst, wie viele Menschen es momentan gibt, die in keinster Weise eigenverantwortlich in Bezug auf die Sexualität handeln, so muss ich sagen, dass die Verhütung etwas Notwendiges ist. Warum, glaubst du, ist sie entstanden? Es sind Wesenheiten, Menschen, auf diesen Planeten gekommen, die in der Lage waren, dieses Problem durch Verhütungsmittel in Griff zu bekommen. Es ist nicht menschenfeindlich, im Gegenteil.

7

Wir möchten dir nun einige Fragen über den physischen Körper stellen. Kannst du uns etwas über den Stellenwert des physischen Körpers im Zusammenhang mit den anderen Körpern sagen?

Weißt du, die meisten Menschen identifizieren sich nur mit ihrem physischen Körper, hegen und pflegen ihn, weil sie die anderen, die feinstofflichen Körper, weder sehen noch fühlen können. Deshalb stützen sie sich auf ihre physische Struktur, und ich möchte sagen, dass sie diese heutzutage fast vergöttert. Der Mensch glaubt, der physische Körper sei das Wichtigste, was er besitzt; denn in dem Moment, in dem der physische Körper nicht mehr funktioniert und er sterben muss, dann wird es nichts mehr für ihn geben, dann ist es vorbei. Er sieht den Zusammenhang der unterschiedlichen Inkarnationen nicht. Es fällt dem Menschen schwer zu glauben, dass es noch weitere Leben für ihn gibt. Wobei das Glauben für mich nicht ausschlaggebend ist. Wichtiger ist es, zu wissen, dass es weitergeht. Zu wissen, dass der physische Körper nur ein Ausdrucksmittel in der Jetzt-Inkarnation für meine Seele ist, die sich weiterentwickeln möchte. Doch davon ist der Mensch noch weit entfernt. Es gibt wohl viele Menschen, die an Reinkarnation glauben, doch es fehlt ihnen das Wissen darüber und die Erfahrung damit. Dass sie an sich erfahren, dass es weitere Leben gibt. Denn von diesem Standpunkt aus werden sie dann auch ihren physischen Körper anders betrachten.

Kannst du uns etwas über die Ursachen sagen, warum die größte Angst für die meisten Menschen die ist, den physischen Körper zu verlieren?

Ich glaube, dass ich diese Frage schon beantwortet habe. Diese Angst kommt nur daher, dass der Mensch glaubt, dass es für ihn kein weiteres Leben auf dieser Erde mehr geben kann, dass nach dem Tod alles vorbei ist.

Vywamus, wie entsteht eigentlich der physische Körper?

Der physische Körper setzt sich zusammen aus Erfahrungen, die du in der Vergangenheit gemacht hast. Das bedeutet, dass zuerst die feinstofflichen Bereiche da sein müssen. Denn die feinstofflichen Bereiche bilden nach ihren Erfahrungen und Mustern den physischen Körper. Und so ist auch der physische Körper als Ausdruck der Seele zu verstehen, als Ausdruck dessen, was in den feinstofflichen Bereichen an Lernprozessen und Erfahrungen gespeichert ist.

Wenn du sagst, dass zuerst die feinstofflichen Bereiche da sein müssen – wann sind sie da?

Weißt du, es ist ein Prozess, der nicht längere Zeit dauert. Man könnte es mit einer Sofortaufnahme bezeichnen. Es geschieht alles auf einmal – so ist es richtig.

Geschieht das, wenn ein Ei und eine Samenzelle zusammenkommen, in diesem Augenblick?

Nein, eigentlich schon vorher.

Wann vorher?

Wenn sich die Seele entschließt, wieder zu inkarnieren, geht sie nach einem Plan vor. Dieser Plan beinhaltet unter anderem die Menschen, die sich als Eltern für die Wesenheit zur Verfügung stellen. Aufgrund der Erfahrung, die die Wesenheit machen möchte, braucht sie schon vorher das Umfeld, damit sie dort auch hineinpasst. Es ist immer eine Wechselbeziehung zwischen Eltern und Kindern. Nicht von ungefähr hast du dir gerade diese Eltern ausgesucht. In dem Moment, wo dieser Plan steht, dann wird das Kind gezeugt.

Vywamus, was passiert dann anschließend in der so genannten vorgeburtlichen Phase?

Was meinst du mit »passiert«?

Ich meine, der Embryo, das Kind wird doch von den Erlebnissen geprägt, die es in dieser Zeit hat. In welcher Form geschieht das?

Nun, die Wahrnehmung des Embryos ist schon sehr gut ausgeprägt. Das Kind hört zum Beispiel alles, was in seinem Umfeld geschieht, im Umfeld der Mutter, in deren Leib es sich befindet. Und es nimmt ihre Gefühle und Gedanken wahr. Es hat somit auch die Möglichkeit, bereits ursächliche Muster, die mitgebracht wurden, zu beseitigen. Durch die Wechselbeziehung zu seiner Mutter sucht sich der Embryo bereits in dieser vorgeburtlichen Phase ein Umfeld, wo er mit Mustern konfrontiert wird, die er lösen kann.

Kannst du uns dazu vielleicht ein Beispiel geben?

Weißt du, es ist schwierig, hier ein Beispiel zu geben.

Wie löst ein Embryo ein Muster?

Indem er mit einer Situation konfrontiert wird, die ihn in seiner Vergangenheit sehr stark belastet hat. Nehmen wir an, eine Wesenheit kommt hierher auf die Erde und hat in früheren Inkarnationen ihr Gehör sehr geschädigt oder war in einer Inkarnation taub. Dieses Muster ist als Trauma im emotionellen Bereich verankert und veranlasst das Kind, sich in dieser Inkarnation eine Mutter zu wählen, die sehr gern sehr laute Musik hört. Die zum Beispiel sehr gerne in Discos geht, ohne Rücksicht darauf, was der Embryo in ihrem Bauch empfindet. So konfrontiert sich diese Wesenheit mit dem Prinzip des Hörens und hat dazu die Möglichkeit, sich mit dem damaligen Trauma zu konfrontieren.

Wie bewusst ist bei einem Embryo die Verbindung zu seiner Seele?

Er fühlt sich noch eins mit seiner Seele.

Verändert sich das dann schlagartig bei der Geburt?

Nein. Es dauert meist noch einige Jahre, dass Kinder eine sehr starke Verbindung zu ihrer Seele verspüren und in dieser Zeit auch viele Dinge sehen, die außerhalb des Grobstofflichen liegen. Aber es wird ihnen meist von den Eltern aberzogen.

Du meinst, dass sie andere Wesenheiten sehen?

Ja. Die Wahrnehmung eines Kindes ist weitaus stärker ausgeprägt als die eines Erwachsenen, weil eben die Verbindung zur Seele noch stabil und stark ist. Ich möchte noch etwas sagen zum Embryo. Seine Verbindung zur Seele ist ebenso stark. Und aus diesem Grund hat er die Möglichkeit, auch in frühere Inkarnationen hineinzuschauen. Er fühlt sich nicht getrennt von früheren Erlebnissen, wie es allmählich geschieht, wenn das Kind heranwächst. Bei der Geburt vergisst das Kind, dass es frühere Inkarnationen gegeben hat. Es sind vielleicht noch kleine Ansätze an Erinnerungen da, aber es ist ihm nicht so gegenwärtig wie in der Zeit, als es im Bauch der Mutter lebte.

Wenn ein Embryo oder ein Kind stirbt – erlebt es den Tod anders als ein Erwachsener?

Natürlich. Weißt du, du kannst sehen, dass Kinder eine ganz andere Einstellung zum Tod haben als Erwachsene. Meist ist es doch so, dass ein todkrankes Kind immer noch in der Lage ist, den Erwachsenen Trost zu spenden, weil es eben eine andere Verbindung zum Ursprung hat, weil die Seele noch viel stärker einwirkt. Die wenigsten Kinder haben wirklich Angst vorm Sterben. Sie wissen intuitiv, dass es nur ein Hinübergehen in einen anderen Bewusstseinszustand ist.

Es gibt heute Mediziner, die Embryos einfrieren, um sie später wieder aufzutauen. Was hältst du davon?

Nichts. Das sind alte atlantische Methoden, die heute wieder gang und gäbe sind. Atlantische Wissenschaftler aus der damaligen Zeit sind heute wieder inkarniert und versuchen ihre Experimente fortzusetzen. Das tun sie unter dem Deckmantel »Zum Wohle der Menschheit«. Aber worum geht es ihnen wirklich? Was ist wirklich ihre Motivation? Der Mensch versucht andauernd zu manipulieren, und er schreckt selbst vor dem Menschen nicht zurück. Ich würde es als eine Missachtung der Menschheit bezeichnen, was hier geschieht. Ich sehe außerdem, dass es viele Menschen gibt, die dieses Handeln erschreckt. Aber sie glauben, dass sie nicht in der Lage sind, hier etwas zu verändern. Außerdem schlagen in diesem Bereich die Autoritäts-Pattern voll zu. Es ist menschenunwürdig, was auf diesem Gebiet geschieht.

Vywamus, ich möchte dir eine Frage zum Embryo in Bezug auf Erbkrankheiten stellen. Es ist ja schon möglich, die Gene so zu manipulieren, dass festgestellte Erbkrankheiten revidiert werden können.

Nun, zunächst einmal, was Erbkrankheiten anbelangt, so muss ich sagen, dass sich die Wesenheit eben diese Eltern wählt, um mit dieser Krankheit konfrontiert zu werden. Doch der Mensch an und für sich hasst jegliche Krankheit. Er empfindet Krankheit als bedrohlich, möchte sie so weit als möglich beseitigen. Denn Krankheit weist ihn darauf hin, dass etwas in seinem Gesamtenergiefluss nicht stimmt. Dass er etwas verändern sollte, dass er in sich gehen müsste, um zu erkennen, warum er eine Krankheit hat. Zum anderen ist es so, dass durch diese Genmanipulation diese Erbkrankheit beseitigt wird, sodass sich die Wesenheit einen anderen Lernprozess sucht, der womöglich durch eine andere Krankheit dargestellt wird. Auf diese Idee kommt der Mensch nicht. Er sieht nur den physischen Körper und versucht die Krankheit, die er als Feind sieht, zu bekämpfen. Er sieht nicht die wahren Ursachen dahinter. Er greift auch in diesem Bereich in natürliche Vorgänge ein, so wie er es auf der gesamten Erde tut.

Aber die Motivation, so etwas zu tun, ist doch auch, den Menschen wirklich helfen zu wollen. Oder er handelt aus Mitleid.

Das mag sein. Aber sieh auch die andere Seite. Der Mensch versucht dadurch seine Großartigkeit zu beweisen. Weißt du, ausschlaggebend ist, dass es gewisse Lernprozesse gibt, ein Gesetz von Ursache und Wirkung. Und dieses Gesetz sollte der Mensch beachten. Er greift in Bereiche ein, die ihm meines Erachtens nicht zustehen. Er manipuliert, wo er manipulieren kann. Und es kommt hinzu, dass der Mensch immer gesund sein möchte und auch seine Nachkommen gesund sein sollen. Doch wie können sie das, wenn sie bereits die Krankheit mitbringen, die sie auf etwas aufmerksam machen sollte, was wichtig ist für sie? Meine Sicht ist eine andere als die der Menschen. Meine Sicht ist keine Momentaufnahme. Meine Sicht ist eine, die sich aus vielen Inkarnationen aufbaut, die den wahren Grund anders sieht, als es der Mensch tun kann.

Dann wären also zum Beispiel Behinderungen auch ganz natürliche Lernprozesse, die der Mensch bloß als negativ bewertet?

Aber natürlich. Der Mensch bemitleidet die Wesenheiten, die behindert zur Welt kommen, oder bestaunt sie, als ob sie ein Weltwunder wären. Diese Wesenheiten haben sich eine solche Inkarnation gewählt.

Ich möchte dir ein Beispiel aus meiner Praxis erzählen. Ich kannte einen Mann, dessen Beine gelähmt waren. Er hatte große Schwierigkeiten, sich mit seinem Schicksal abzufinden. Er konnte nicht verstehen, warum ihm das passiert ist. Der Grund für die Behinderung war, dass er in früheren Inkarnationen mehrmals andere Menschen mit Füßen getreten hat. Er hatte keinen Respekt vor anderen Wesenheiten. Weder vor der Erde noch vor sonst irgendetwas, das lebte und war. Er hatte seine Beine oft missbraucht, um andere zu zerstören. Bei seinem Tod in jener Inkarnation hatte er sich vorgenommen, nachdem er gesehen hatte, was er durch sein falsches Verhalten verursachte, dass er, sollte er noch einmal auf die Erde kommen, seine Beine nicht mehr benutzen möchte. Dass es ihm nicht mehr geschehe, dass er andere mit Füßen tritt. Und so gibt es viele Beispiele dafür, warum eine Wesenheit sich ein »Gebrechen« aussucht.

Der Mensch sucht sich ja auch die Art seines Sterbens aus. Es wird heute unter den Menschen viel über die sogenannte Sterbehilfe diskutiert. Wenn ein Mensch nur noch künstlich am Leben erhalten wird und keine Chance mehr besteht, dass er ohne diese Hilfe auch weiterleben könnte – sollte man diesem Menschen nicht die Möglichkeit geben, einfach zu sterben?

Natürlich, das wäre gerecht. Weißt du, was herauskommt, wenn er nach einer künstlichen Lebensverlängerung wirklich stirbt? Er hat eine lange Zeit vor sich, um dieses Trauma wieder abzubauen, das ihm durch die Verlängerung seines Lebens beschert wurde. Im Sinne des Mensch-Seins, das für mich die absolute Liebe bedeutet, wäre es mehr als gerechtfertigt, ihm wirklich behilflich zu sein, indem man ihnen den Tod vergönnt. Ich sehe den Hintergrund dieses »Lebenverlängerns« darin, dass der Mensch Angst hat. Wenn er zum Beispiel eine Maschine abschaltet, die den anderen am Leben erhält: dass er sich dann schuldig am Tod macht, dass er dem anderen das Leben nimmt. Hier wären wir wieder bei dem Thema, dass der Mensch einfach nicht weiß, was nach seinem Tode geschieht, und dass er die Möglichkeit hat, wieder hierherzukommen.

Mir fällt da spontan die Frage nach der Todesstrafe ein.

Die Todesstrafe ist beim Menschen dadurch gerechtfertigt, dass er sagt, dass dieser Mensch anderen Menschen Leiden zugefügt hat und deshalb sterben muss.

Warum töten sich manche Menschen selbst?

Das hat verschiedene Ursachen. Zum einen entscheidet die Seele, wann sie sich aus dem physischen Körper zurückzieht, was natürlich zum Tod führt. Zum anderen besteht die Möglichkeit, dass der Mensch durch Astralwesen in den Selbst-Tod geführt wird.
Ich möchte generell noch etwas sagen zum Selbstmord. An ihm haftet viel Schreckliches, weil der Selbstmord dahingehend dargestellt wird, dass der Mensch unweigerlich im Fegefeuer beziehungsweise in der Hölle endet, wenn er sich selbst das Leben nimmt. Er darf sich selbst das Leben nicht nehmen. Das ist eine Geschichte, die von den Religionen so dargestellt wird.

Ich habe noch eine Frage bezüglich Eingriffe in den physischen Körper. Die stärksten Eingriffe passieren bei Operationen. Was geschieht, wenn ein Mensch narkotisiert wird, ihm also das Bewusstsein genommen wird?

Der Energiekörper, der das Bindeglied zwischen physischem und feinstofflichen Körpern ist, funktioniert dann nur mehr zur Hälfte. Das bedeutet auch, dass der physische Körper in dem Moment nicht mehr die Energie bekommt, die er eigentlich brauchen würde, um vollständig arbeiten zu können.

Gäbe es Alternativen zur Narkose?

Zum jetzigen Zeitpunkt noch nicht. Aber die Medizin wird noch Möglichkeiten finden. Ich würde sagen, in den nächsten 200 Jahren.

Wie sind denn die Auswirkungen der Narkose auf den physischen Körper?

Der physische Körper erholt sich weitaus schneller, als dies bei den feinstofflichen Bereichen der Fall ist. Durch die Narkose entstehen immer Traumata, vor allen Dingen dann, wenn der Mensch bereits diese Muster mitbringt, die durch die Narkose aktiviert werden. Da wäre zum einen das Trauma des Ausgeliefertseins, ohnmächtig gegen Eingriffe von außen zu sein. Der physische Körper, der während der Narkose in einem schlafähnlichen Zustand ist, bekommt nicht so viel mit wie die feinstofflichen Bereiche. Er speichert auch nicht so viel. Das, was während der Operation geschieht, alles, was gesprochen wird unter den Ärzten und Krankenschwestern, jede Bemerkung, alles ist in den feinstofflichen Bereichen aufgezeichnet. Ebenso sind die Schnitte, die im physischen Körper gemacht werden, in den feinstofflichen Bereichen vorhanden.

Wie wirken sich Narben aus?

Nun, es sind in erster Linie Gebiete im physischen Körper, in denen Energie nicht so gut fließen kann.

Kann man das beseitigen?

Das kann man zum Beispiel über die Gedankenkraft und Vorstellung, dass man sich diese Gebiete immer wieder vornimmt und die Energie dort gleichfließend sieht. Das kann so weit führen, dass sich hässliche Narben zum Positiven verändern, dass die Haut dort wieder glatter wird.

Doch wie heile ich die Narben in den feinstofflichen Bereichen? Die Narben, die dort sind, sind Muster, die durch die Narkose angehoben werden, durch die Operation, die den Menschen nach solchen Eingriffen meist noch jahrelang als Angstzustände begleiten. Hier kann ich die Pattern-Methode (Anmerkung: Erklärung am Ende des Buches) empfehlen – die Methode, diese Muster bewusst aufzulösen.

Was geschieht bei Transplantationen, wenn einzelne Körperteile durch den Körperteil eines anderen Menschen ersetzt werden?

Nun, es ist schon oftmals gelungen, dass der Mensch ein Herz verpflanzt hat. Doch, weißt du, wenn die Zeit vorbei ist, und die Seele möchte sich zurückziehen, dann nützt es nichts, ein anderes Organ einzusetzen – es ist einfach vorbei. Hier werden dem Menschen immer wieder klar und deutlich seine Grenzen aufgezeigt.
Vom energetischen Standpunkt her greift eine neue Energie in den Gesamtorganismus mit ein.

Und wie wirkt sich das aus?

Je nachdem, wie die Energie zusammenpasst. Es braucht Zeit, um dieses Organ zu integrieren, denn es hat auch wieder Auswirkungen in die feinstofflichen Bereiche hinein. Die Auswirkungen für die feinstofflichen Bereiche wären zum Beispiel, dass ich mit Mustern aus der Vergangenheit konfrontiert werde, die dieses Organ betreffen und somit auch den anderen Menschen, der ursprünglich damit verbunden war. Durch dieses Organ und die Informationen und Muster, die in den Zellen gespeichert werden, bin ich energetisch in Verbindung mit den Mustern des anderen.

Das heißt, der Spender ist auch davon betroffen.

Weißt du, es ist so, dass der andere, der ein Herz spendet, ja bereits tot ist. Und es dauert einige Zeit, bis die feinstofflichen Körper von der Seele wieder aufgenommen werden. In dieser Zeit ist die energetische Verbindung sehr stark. Sie reißt aber dann ab, sobald die Seele die feinstofflichen Bereiche in sich aufgenommen hat.

Wie lange dauert das normalerweise?

Einige Tage. Je nachdem, wie der Mensch gelebt hat.

Wie ist das zum Beispiel bei Nierentransplantationen, bei denen der Organspender noch lebt?

Nun, da besteht eine energetische Verbindung, die so lange dauert, bis die Muster, die Informationen, die in diesem Organ wirken, das du neu bekommen hast, erloschen sind. Du wirst sozusagen mit Mustern konfrontiert, die nicht von dir kommen, aber für die du einen Resonanzboden hast.

Vywamus, warum haben manche Menschen als Erwachsene einen sehr kleinen oder einen sehr großen Körper? Hat diese Veranlagung einen bestimmten Grund?

Ich möchte es auf den Lernprozess und die Erfahrung zurückführen. Natürlich gibt es einen physischen Grund im Körper, sprich Hormone etc. Doch in Wirklichkeit haben diese Wesenheiten sich den physischen Körper gewählt, aufgrund von Erfahrungen, die in der Vergangenheit zu suchen sind. Es gab z. B. in Atlantis eine Zeit, in der Menschen gezüchtet wurden, speziell manipuliert wurden in Bezug auf ihre Größe. Das sind Erfahrungen, die diese Menschen durch eine solche Inkarnation abzubauen versuchen.

Die Beschaffenheit des physischen Körpers ist also sehr geprägt von den früheren Leben eines Menschen. Aufgrund welcher Vorstellungen sucht sich ein Mensch, der zum ersten Mal hier auf der Erde inkarniert, einen bestimmten Körper aus?

Wenn er das erste Mal hier ist, dann wird sein Körper auch von den feinstofflichen Körpern, von der Seele geformt.

Ja, aber es sind doch noch keine Muster vorhanden.

Sicherlich nicht, aber er braucht eine körperliche Form.

Diese müsste dann doch wohl sehr harmonisch aussehen.

Sie könnte harmonisch aussehen. Weißt du, das ist eine Sache, die die Seele bildet. Sie entscheidet, welche körperliche Form von ihr auf der Erde dargestellt wird. Es ist natürlich auch abhängig von der Erfahrungswelt, die sich die Seele gewählt hat. Hier könnte man das Umfeld oder die Partner mit anfügen.

Aber warum sollte sich eine Seele beim ersten Mal ein schreckliches Erfahrungsfeld wählen?

Sie wählt es sich nicht. Sie setzt den Menschen, den physischen Körper, auf die Erde. Und in dem Moment, wenn der physische Körper in die Polarität eingetaucht ist, beginnt er das Wertungsprinzip auszuloten. Er selbst entscheidet dann durch seinen freien Willen, was er tun möchte. Er entscheidet, was er für gut oder schlecht befindet. Und so sammelt er seine Erfahrungen. Die Seele selbst hat dann nicht mehr die Möglichkeit, in dem Sinne einzugreifen, wie sie es vielleicht ganz gerne täte.

Es ist also anscheinend ein großes Risiko für eine Seele, überhaupt zum ersten Mal hier auf diesem Planeten zu inkarnieren.

Das ist eine typisch menschliche Frage. Du musst davon ausgehen, dass die Seele ein Teil der Quelle ist. Und die Quelle möchte nun einmal diesen Erfahrungskomplex Polarität-Wertungsprinzip in sich integrieren. Und so hat sie sich in viele Teile aufgespalten, die ihr Menschen »Seele« nennt.

Es wird auch immer wieder gesagt, der Mensch beinhalte in seinem physischen Körper praktisch den gesamten Kosmos – der Mensch als Kosmos. Kann man das so sehen?

Ja, das kann man, wenn man davon ausgeht, dass der Mensch das Spiegelbild der Quelle, ein Teil der Quelle ist. So verkörpert er alles, was ist. Aber das gilt nicht nur für die Menschen. Das gilt auch für die Tiere, die Pflanzen, die Mineralien, die Erde selbst.

Vywamus, wir haben jetzt einige Male über das Sterben gesprochen. Kannst du uns etwas näher erklären, was eigentlich beim Sterben geschieht?

Ja, ich werde versuchen, das zu erklären. In dem Moment, in dem sich die Seele entschließt, ihre Energie aus dem physischen Dasein zurückzuziehen, entsteht eine Art Sogwirkung, die auf den physischen Körper einwirkt. Der Mensch spürt es als ein Ziehen in seinem physischen Körper, das sich in erster Linie im Brustbereich bemerkbar macht. Dieses Ziehen setzt sich fort und geht hinauf bis zum Dritten Auge. Die Seele nimmt dann die feinstofflichen Bereiche, in denen die Erfahrungen gespeichert sind, in sich auf. Das, was übrig bleibt, ist eigentlich nur der physische Körper. Es ist ein Prozess, der meist mehrere Stunden dauert. Bis die Seele all ihre feinstofflichen Körper in sich aufgenommen hat, sind es meist vier, manchmal sogar sechs Tage.

Das hat aber keinen Einfluss, wenn der physische Körper nach, wie bei uns üblich, drei Tagen verbrannt wird?

Nein, es hat keinen Einfluss.

Vywamus, wenn die Seele sich zurückzieht vom physischen Körper – was erlebt sie in dieser Zeit?

Nun, es ist so, dass die feinstofflichen Körper gewisse Ebenen durchlaufen. Diese Ebenen haben etwas mit der letzten Inkarnation zu tun. Es wird sozusagen noch einmal das Leben durchlebt und abgewogen, was im Sinne der Seele, der Erfahrung, integriert wurde und was nicht. Bei diesem Zeitpunkt, wenn die feinstofflichen Körper diese Ebenen durchlaufen, wird meist schon ein gewisser Lernprozess für die nächste Inkarnation festgelegt, sodass sich die Seele vornimmt, dies oder jenes in die nächste irdische Inkarnation an Lernprozessen mit einzubauen.
Die erste Ebene, die durchlaufen wird, ist die Ebene der Selbstkonfrontation. Auf dieser Ebene geht es darum, ehrlich zu sein, ehrlich das Leben anzuschauen, wie es im Sinne der Seele gelaufen ist, aber auch im Sinne des Egos. Und so gibt es unterschiedliche Stationen, die nacheinander folgen, bis sich alle feinstofflichen Körper wieder in die Seele integriert haben.

Was, würdest du vorschlagen, könnten die Angehörigen tun, um diesen Prozess zu unterstützen oder zu erleichtern?

Eigentlich können sie nichts tun. Wichtig ist, dass die Angehörigen den Menschen, den »Toten«, nicht zu sehr an sich binden. Denn das könnte bedeuten, dass der Energiekörper erdgebunden wird. Ihr Einfluss besteht nur darin, dass sie den Toten gehen lassen. Je mehr die Menschen über den Tod erfahren, desto weniger wird der Tod etwas Schreckliches für sie sein. Er wird den Anspruch, endgültig zu sein, verlieren.

Vywamus, warum haben manche Menschen Erfahrungen, die praktisch schon einen Schritt in Richtung Tod gegangen sind und dann doch wieder zurückgekommen sind?

Diese Erfahrungen dienen zum einen dem betreffenden Menschen selbst, damit er sieht, dass es nach dem Tod weitergeht. Damit er erkennt, dass der Tod nichts Endgültiges ist. Und zum anderen sind diese Erfahrungen für die Allgemeinheit wichtig, dass der Tod an sich seinen Schrecken verliert.

8

Es wird immer wieder davon gesprochen, dass der Körper verschiedene feinstoffliche Zentren, die sogenannten Chakren, hat. Kannst du uns den Aufbau eines solchen Chakras etwas näher erklären?

Ein Chakra ist ein Energiefeld, das sich spiralförmig von innen nach außen ausdehnt. Es nimmt Energien, die von außen, zum Beispiel vom Kosmos, kommen, in sich auf. Durch den Umstand, dass das Chakra spiralförmig angelegt ist, wird diese Energie hineingezogen, um dort für den physischen Körper vorbereitet zu werden, damit er die Energie für sich nutzen kann.

Du hast doch auch einmal gesagt, dass die Vorbereitung über die verschiedenen Körper von außen nach innen geschieht. Ist das ähnlich?

Die Vorbereitung in Bezug auf Energie, die vom Kosmos kommt, wirkt durch die Feinstoffkörper und durch die Chakren. Wenn wir von den 7 Chakren ausgehen, die direkt auf die Drüsen des physischen Körpers einwirken, so sind sie eigentlich die letzte Instanz vor dem physischen Körper.

Haben die Chakren auch noch andere Funktionen als nur die Umsetzung der Energie für den physischen Körper?

Nun, dies ist eine Funktion. Die andere Funktion dient der Wahrnehmung – dass du über die Chakren die Energien, die von außen auf dich zukommen, wahrnehmen kannst. Zum anderen existieren innerhalb der Chakren ebenso Muster wie in den feinstofflichen

Körpern. Die Muster innerhalb eines Chakras beeinträchtigen den Energiefluss. Sie erzeugen eine Blockierung, sodass das Chakra nicht mehr harmonisch in sich schwingen kann. Die Energieweitergabe an die Drüse im physischen Körper wird dann behindert, sodass nur ein gewisser Teil weiterfließen kann.

Kannst du uns die spezielle Funktion der einzelnen Chakren etwas näher erläutern? Und zwar, wenn möglich, beim Basischakra beginnend bis zum Kronenchakra.

Nun, das Basischakra ist das Zentrum, das den Menschen in erster Linie mit den Energien der Erde versorgt. Das bedeutet, dass die Energien, die aus der Erde kommen, über die Beine aufgenommen werden und als erste Instanz im Basischakra landen. Dort wird die Energie vorbereitet und über den ganzen Körper verteilt. Nicht nur über den physischen Körper, sondern die Erdenergie wird auch in die anderen Chakren geleitet, und ebenso in die feinstofflichen Bereiche hinein. Dann hat dieses Chakra noch eine Aufgabe: Wenn du dir den Sitz des Basischakras anschaust, so siehst du, dass es die Basis für die Wirbelsäule bildet. Das bedeutet, dass aus dem Basischakra heraus die Energie nach oben gesandt wird, über die Wirbelsäule hinauf. Dass dort auch die Nervenbahnen, die rechts und links neben der Wirbelsäule verlaufen, durch dieses Chakra mit Energie versorgt werden. Zum anderen hat es noch eine Verbindung, die zum Kronenchakra hinaufgeht, was wiederum eine Verbindung nach oben zum Kosmos darstellt.
Außerdem hat das Basischakra für den Menschen die Bedeutung, dass er über dieses Zentrum mit Mustern konfrontiert wird, die etwas mit dem Dasein zu tun haben, mit dem Leben hier auf der Erde damit, seinen Platz hier auf diesem Planeten zu finden.
Über die Energie des Basischakras nimmt der Mensch außerdem Energien aus der Erde auf, die aus früheren Inkarnationen stammen, und die ihn zum Beispiel mit Traumata konfrontieren, die zu lösen er

sich in der Jetzt-Inkarnation vorgenommen hat. Habt ihr zu diesem Chakra noch eine Frage?

Kann man diesem Chakra irgendwelche bestimmte Eigenschaften zuordnen – ich meine zum Beispiel eine Farbe oder eine andere Eigenschaft?

Weißt du, es ist schwierig, einem Chakra eine bestimmte Farbe zuzuordnen. Es gibt viele Umstände im Leben eines Menschen, wo er eigentlich eine ganz andere Farbe bräuchte. Aber durch den Umstand, dass ich, Vywamus, oder jemand anderer dem Menschen eine bestimmte Farbe für ein Chakra gibt, wird er ausschließlich diese Farbe benutzen, obwohl er im Grunde genommen eine ganz andere Farbe bräuchte, um an diesem Chakra zu arbeiten. Besser wäre für den Menschen, wenn er etwas im Basischakra verändern will, dass er sich die beiden Worte »Stärke« und »Stabilität« vorstellt. Denn diese Worte haben eine bestimmte Energieschwingung, die sich positiv auf das Basischakra auswirkt. Denn das sind die positiven Eigenschaften, die durch die Arbeit an diesem Zentrum erzeugt werden.

Vywamus, du hast gesagt, dass der Mensch über das Basischakra bestimmte Energien von der Erde aus früheren Inkarnationen aufnimmt. Oftmals ist es aber doch so, dass er einfach überfordert ist. Das heißt, er fällt in eine Situation hinein und kann sich dann selbst nicht mehr helfen.

Dazu kann ich nur sagen, dass der Mensch glaubt, dass er sich nicht mehr selbst helfen kann. Das entsteht dadurch, weil er seine gesamte Wesenheit nur zu einem kleinen Teil kennt. Im Grunde genommen ist der Mensch so ausgestattet, dass er sich aus jeder Situation selbst helfen kann.

Was könnte man konkret aus deiner Sicht tun, wenn man mit solchen Energien konfrontiert wird?

Das ist sehr individuell. Meines Erachtens ist es notwendig, sich mit diesen Dingen zu konfrontieren, nicht vor ihnen davonzulaufen. All das, was auf den Menschen in diesem Moment zukommt, nicht nach außen zu projizieren, sich diese Muster aus dem Blickwinkel der Seele heraus anzuschauen.

Das heißt, sich in diesem Augenblick mit der Seele zu verbinden?

Zum Beispiel. Nur ist es nicht immer leicht für den Menschen, das zu tun. Doch je mehr er die Ursache in sich selbst sieht, je mehr sich der Mensch mit dieser Problematik konfrontiert, desto leichter wird es ihm fallen, seinen Blickwinkel zu verändern. Die Möglichkeit der Selbstkonfrontation ist meines Erachtens die ehrlichste und die beste.

Steht das Basischakra mit einem bestimmten Körper in Verbindung?

Jedes Chakra ist mit den feinstofflichen Körpern verbunden. Das Basischakra sehe ich in Verbindung mit dem Emotional-, Mental- und spirituellen Körper. Das kommt daher, dass das Basischakra eine Vermittlerposition einnimmt. Wie ich vorher bereits sagte, steht es in Verbindung mit der Erde, aber auch über das 7. Chakra, dem Kronenchakra, direkt mit dem Kosmos. So ist das Basischakra wie eine Verteilerzentrale, die im Laufe der nächsten Zeit noch mehr Bedeutung gewinnen wird. Der Mensch ist sich noch nicht bewusst, dass nicht nur das Herzchakra oder das Kehlchakra wichtig für sein Dasein ist. Er wird mehr und mehr damit konfrontiert werden, welche Bedeutung das Basischakra für ihn hat.

Kann man die einzelnen Chakren auch mit Bewusstsein in Verbindung bringen? Ich meine damit: Als damals die ersten Menschen auf die Erde gekommen sind, waren zu diesem Zeitpunkt alle Chakren gleichmäßig aktiviert oder vorzugsweise die unteren Chakren?

Nun, was heißt »aktiviert«? Schau, ich möchte es so formulieren: Jedes Chakra hat bestimmte Eigenschaften. Und je nachdem, welche Zeitqualität da ist, wird ein Chakra mehr aktiviert als die anderen. Das bedeutet, dass die Eigenschaften des einzelnen Chakras mehr Bedeutung für die Menschen haben. Und so war es zu Anbeginn. Zu Anbeginn war das Basischakra dasjenige, das die meiste Bedeutung hatte. Denn es ging ja darum, sich zu etablieren auf der Erde, sich mit der Erde zu verbinden, aber ebenso mit dem Kosmos verbunden zu sein. Das Basischakra war verantwortlich dafür, die Energien zu verteilen. Deshalb war es zur damaligen Zeit, zu Anbeginn, eigentlich das Wichtigste. Erst später wurde das Polaritätschakra, ich möchte sagen, dazugeschaltet.

Ich hätte jetzt noch eine Frage zu dem Begriff »Kundalini« oder »Schlangenkraft«, der mit dem Basischakra in Verbindung gebracht wird.

Diese Energie entsteht durch beide Energien, die sich im Basischakra treffen und dort konzentriert werden, um dann wieder nach oben zu gehen und sich mit dem Kosmos oder auch mit der Seele zu verbinden.

Meinst du mit beiden Energien die Energie der Erde und die des Kosmos?

So ist es.

Ist es gefährlich, mit dieser Energie zu arbeiten? Es heißt immer wieder, dass der Mensch auch überfordert werden kann – zum Beispiel in Bezug auf sein Nervensystem.

Natürlich besteht die Möglichkeit, dass der Mensch dadurch überfordert wird. Zum einen ist es so, wie ich bereits sagte, dass die Energie des Basischakras rechts und links neben der Wirbelsäule nach oben geht und dort auch Nervenbahnen liegen, die durch einen Energieüberschuss gereizt werden können. Zum anderen ist es so, dass diese Energie über das Kronenchakra hinaus zum Kosmos oder gezielt in unterschiedliche Körper gesandt oder für die Verbindung zur Seele eingesetzt wird. In dem Moment, in dem die Energie über das Kronenchakra fließt, ist auch das menschliche Gehirn betroffen. Es kann wohl Folgen haben – aber nur dann, wenn der Mensch mit der Energie nicht umgehen kann. Wenn du dir anschaust, wie viele Experimente der Mensch mit Energien startet, die für ihn nicht besonders gut sind, dann kannst du dir vorstellen, dass diese Energie auch für solche Zwecke eingesetzt werden kann.

Kannst du uns nun das Polaritätschakra, seine Funktion und seine Aufgabe erklären?

Das Polaritätschakra ist ein Zentrum, das aktiv wurde, als die Polarität auf der Erde entstand, und so hat es eine Verbindung zum Wertungsprinzip, das auf diesem Planeten herrscht. In diesem Chakra gibt es zwei Pole: den männlichen und den weiblichen. Oder die Dynamik und die Passivität. Im Polaritätschakra sind Muster gespeichert, die mit Macht und Ohnmacht zu tun haben. Oder mit Freude und Traurigkeit. Mit Angst und Mut. Es sind immer beide Pole dargestellt. Wobei ich sagen muss, dass die Menschheit und der Mensch im Einzelnen dazu neigen, verstärkt nur eine Seite dieses Chakras zu leben. Die Ursache dafür ist meist in Erfahrungen aus früheren Inkarnationen zu suchen. Zu dem Zeitpunkt, als die Polarität auf der Erde entstand, entstand auch der Kampf zwischen beiden Polen, der sich heute noch sehr deutlich in der Gesellschaft der Welt abzeichnet.

Was kann ich als Mensch tun, um die beiden Pole in einem Gleichgewicht zu halten?

Das kannst du in erster Linie, indem du dich mit deinen beiden Polen in dir konfrontierst, dir anschaust, welchem du mehr Gewicht gibst.

Dann hast du die Möglichkeit, Muster aufzulösen, die dich daran hindern, ein Gleichgewicht herzustellen. Zum anderen gibt es Meditationen, um an diesem Bereich zu arbeiten.
Ich möchte noch generell etwas zum Polaritätschakra hinzufügen. Es hat eine direkte Verbindung zum Kehlchakra. Die Ursache liegt darin, dass du, wenn beide Pole im Gleichgewicht sind, in der Lage bist, zu dir selbst, zu deinem Ursprung, deinem Menschsein zu stehen. Und du kannst es auch aussprechen.
Du kannst das, was du bist, dieses »Ich bin«, in Worten ausdrücken. Deshalb besteht hier eine Verbindung.

Du nennst immer wieder bestimmte Verbindungen zwischen bestimmten Chakren. Sind das schwerpunktmäßige Verbindungen?

So könnte man es bezeichnen. Denn im Grunde genommen sind die Chakren alle untereinander verbunden. Vom Basischakra zum Kronenchakra oder vom Polaritätschakra zum Kehlchakra verlaufen direkte Linien.

Ist das Polaritätschakra einem bestimmten Organ zugeordnet?

Ja, den Sexualdrüsen. Außerdem besteht noch eine Verbindung zu den Nieren.

Welchem Organ ist das Basischakra zugeordnet?

Denselben Organen wie das Polaritätschakra.

Kannst du uns etwas über das Milzchakra sagen? Steht es mit einem von beiden in Verbindung? Es wird immer in Beziehung gebracht mit Lebensenergie.

Nun, es gibt eine Verbindung. Nicht nur zum Polaritätschakra, sondern auch zum Basischakra und zum Solarplexus; es ist sozusagen eingebettet. Es ist dazu da, Energie aus dem Kosmos aufzunehmen, genauso wie die anderen Chakren.

Warum wird dann das Milzchakra als das Lebenschakra, als Chakra für die Lebensenergie, bezeichnet?

Das würde ich als Schlagwort bezeichnen. Jedes Chakra ist ein Chakra für Lebensenergie. Denn wenn die Chakren nicht mehr funktionierten und du hättest nur mehr dein Milzchakra – ich weiß nicht, ob du das überleben würdest.

Wie wirkt sich das aus, wenn man zum Beispiel die physische Milz entfernt? Wohin geht dann die Energie des Milzchakras? Im Physischen gibt es ja keine Drüse mehr.

Es braucht nicht unbedingt eine Drüse da zu sein. Stell dir vor, eine Frau hat eine Unterleibsoperation. Wo, glaubst du, geht dann diese Energie hin? Es ist nicht entscheidend. Sie wird über den physischen Körper verteilt, geht auch über andere Verteilerzentralen, zum Beispiel über den Solarplexus.

Das heißt also, dass ein Chakra Funktionen eines anderen Chakras übernehmen kann?

Natürlich.

Gibt es zu den beiden besprochenen Chakras noch Nebenchakren, die erwähnenswert wären?

Eigentlich nicht. Ich möchte im Anschluss an die 7 Chakren über die Nebenchakren sprechen, die meines Erachtens auch eine wichtige Funktion haben, vor allen Dingen die Fuß- und die Handchakren.

Stimmt es, dass im Polaritätschakra das Potenzial eines Menschen verankert ist? Kannst du dazu etwas sagen?

Ich würde nicht sagen, »verankert«. Das ist nicht der richtige Ausdruck. Das Potenzial eines Menschen wird über das Polaritätschakra zum Ausdruck gebracht. In dem Moment, in dem beide Seiten in harmonischer Verbindung stehen, entsteht eine dynamische Energie, die dir erlaubt, dein Potenzial nicht nur zu erinnern, sondern es auch umzusetzen. Zum Beispiel über die Sprache oder über den kreativen Ausdruck.

Was verstehst du unter »Potenzial«, Vywamus?

Unter Potenzial verstehe ich das Wissen und die Weisheit, die der Mensch im Laufe vieler Inkarnationen angesammelt hat. Und das, was er angesammelt hat, stellt ihm die Seele in jeder Inkarnation als Material zur Verfügung, welches er in seiner physischen Inkarnation umsetzen kann – soweit er in der Lage ist, dieses Potenzial zu erinnern.

Was hindert ihn daran, dieses Potenzial zu erinnern?

Zum Beispiel der Glaube, dass er klein und nichtig sei. Was ihn noch daran hindert, ist der stetige Blick nach außen anstatt nach innen. Ich könnte hier noch vieles aufzählen.

Stimmt es, dass das Polaritätschakra die Mitte des Körpers darstellt?

Ich würde den Nabel als die Mitte des Körpers sehen. Ich sagte schon sehr oft, dass er symbolisch die Verbindung zum Ursprung darstellt.

Ich habe momentan keine weitere Frage zum Polaritätschakra. Können wir nun weitergehen zum Solarplexus?

Aber gern. Der Solarplexus ist wie ein Sammelbecken an emotionalen Eindrücken und Erfahrungen, die der Mensch im Laufe seines Lebens macht. In diesem Chakra wird alles aufgenommen und gespeichert. Der Solarplexus wirkt wie ein Magnet. Über diesen Bereich lernt der Mensch seine Außenwelt zu empfinden, und durch diese Empfindungen, die von außen kommen, wird er über dieses Chakra mit seinen persönlichen Empfindungen, die von ihm selbst stammen, konfrontiert. Dieses Zentrum ist für die Menschheit sehr wichtig, denn es geht darum, Gefühle in sich aufzunehmen und damit konfrontiert zu werden. Und da bietet sich das Solarplexus-Chakra direkt an. Es gibt viele Menschen, die in diesem Bereich körperliche Mängel haben. Das kommt meist daher, dass in diesem Chakra Muster sind, die große Angst beinhalten. Angst vor Emotionen, Angst, Gefühle in sich hineinzulassen, Angst, Gefühle zu leben usw.

Warum ist gerade diese Angst, Gefühle auszudrücken, sie zu zeigen, heute so groß?

Nun, das ist ganz einfach. Weil sich der Mensch grundsätzlich mehr seiner Gedankenwelt zugewandt hat. Zudem gibt es Erfahrungen in früheren Zeiten, die aussagen, dass Gefühle immer mit Schmerzen verbunden sind, dass ich nur leiden muss, wenn ich mich meiner Gefühlswelt zuwende. Der Mensch denkt in Bezug auf Gefühle in erster Linie negativ. Er erinnert sich meist nur an negative Gefühle, die Angst in ihm erzeugt und ihm Schmerzen bereitet haben.

Warum ist das so, dass diese Erinnerung an die negativen Gefühle so vorherrscht?

Der Mensch ist so ausgerichtet. Das kommt wieder auf das Wertungsprinzip zurück. Der Mensch erinnert sich nun mal mehr an Dinge in seiner Vergangenheit, die ihm Schmerzen bereitet haben. Das kann er sich merken. Das hat er empfunden, ganz tief in sich.

Er erwartet auch generell, dass etwas Negatives, nicht etwas Positives auf ihn zukommt. Schau dich um, du wirst sehen, dass ich recht habe.

Ja, ich glaube auch, dass du recht hast, aber es ist doch an sich unlogisch, dass die Menschen auf der einen Seite nach Glück, nach Schönheit, nach Reichtum und so weiter streben, und auf der anderen Seite fixieren sie sich geradezu auf diese negativen Gefühle. Das muss doch einen bestimmten Grund haben!

Das hat mehrere Gründe. Zum einen, wie ich bereits sagte, geht es um das Wertungsprinzip. Zum anderen sind es Schuldgefühle, die im Menschen vorherrschen und die aussagen, dass ich schöne Gefühle nicht empfinden darf. Es steht mir nicht zu, in Glück und Freude zu leben. Ich darf nicht reich sein. Es gibt so viele Muster, die den Menschen dazu veranlassen, dass er sich wohl das Positive wünscht, aber mit dem Negativen rechnet.

Das erinnert mich sehr stark an die Religionen. Gibt es da tatsächlich einen Zusammenhang?

Aber natürlich, sie haben ihren Beitrag geleistet.

Wie steht der Solarplexus mit dem Emotionalkörper in Verbindung?

Hier gibt es eine direkte Verbindung. Du kannst dir vorstellen, dass ein direkter Austausch zwischen diesen beiden besteht. Ich sagte bereits, dass der Mensch über den Solarplexus Energien, die von außen auf ihn zukommen, in sich aufnimmt, um mit seinen eigenen Emotionen, die manchmal sehr tief vergraben sind, konfrontiert zu werden. Und diese versteckten Emotionen liegen im Emotionalkörper. Stell dir noch einmal vor, der Solarplexus ist ein Magnet, der Energien von außen anzieht. Das, was er aufgenommen hat, kommt direkt über den Solarplexus in den Emotionalkörper hinein, und es wird ausgelotet, ob hier ein Resonanzboden vorhanden ist, ob Muster angehoben werden sollen – ja oder nein. So ist diese Verbindung zu verstehen.

Es kommt aber doch häufig vor, dass sich dann der Emotionalkörper total zusammenzieht?

Das tut er dann, wenn die Energie, die in ihn hineinkommt, genau auf ein schwerpunktmäßiges Muster trifft.

Das heißt, dass dieses Muster durch diese Reaktion dann gar nicht erinnert werden kann?

Es kann sehr wohl erinnert werden. Denn könnte es das nicht – warum würde sich dann der Emotionalkörper zum Beispiel zusammenziehen?

Vywamus, ist es nicht eine Schutzreaktion, wenn die Energie vom Solarplexus in den Emotionalkörper auf ein bestimmtes Muster trifft und dieser sich dann schockartig zusammenzieht? Also, ich kann mir vorstellen, dass das dann wie ein Festhalten ist, kein Verschließen.

Natürlich. Weißt du, der Mensch ist nicht immer bereit, solche Muster zu konfrontieren, weil er Angst hat, dass sie ihm wieder Schmerzen bereiten, dass er wieder in eine Situation kommt, die er vielleicht in einer früheren Inkarnation als leidvoll empfunden hat. Aus diesem Grund neigt er dazu, sich bestimmte Muster nicht anzuschauen. Das, was den Emotionalkörper dazu veranlasst, sich zusammenzuziehen, ist ein Resultat dessen, was ich gesagt habe. Deshalb wird der Mensch auch des Öfteren mit denselben Mustern konfrontiert, bis er erkennt, dass es notwendig ist, sie abzubauen. Dass es notwendig ist, einen Freifluss in den feinstofflichen Körpern, aber auch in den Chakren wieder herzustellen.

Aber es ist doch manchmal wirklich schwierig, wenn der Emotionalkörper in Panik ist, sich mit diesen Mustern zu konfrontieren – sehr vieles läuft meines Erachtens doch unbewusst ab.

Natürlich ist es schwierig. Doch, weißt du, wenn er keine Schmerzen empfinden würde, dann würde er überhaupt nicht auf dieses Muster aufmerksam. Es ist beim Menschen so, dass er meist durch Leid oder Krankheit mit seinen Mustern in Verbindung kommt und dann bereit ist, etwas zu verändern. Und dahinter liegt wieder die große Angst, den physischen Körper zu verlieren. In dem Moment ist er bereit, sich jedes Muster anzuschauen, nur damit er am Leben bleiben kann.

Aber so, wie ich das jetzt sehe, ist es trotzdem nicht oft der Fall, dass die Menschen sich dann diese Muster ansehen. Sie versuchen nur, gegen die Krankheit anzukämpfen, versuchen wieder gesund zu werden – auf irgendeine Art und Weise.

Ich sagte ja, dass die Menschen *meistens* nur dann überhaupt bereit sind, sich diese Muster anzuschauen. Ich habe nicht gesagt, dass die Menschen generell bereit sind, sich mit ihren Mustern zu konfrontieren. Natürlich versuchen sie, die Krankheit zu heilen. Aber eben über die Krankheit sucht sich das Muster einen Weg, auf sich aufmerksam zu machen.

Ich kann mir sehr gut vorstellen, dass sich dann der Mentalkörper mit seinem Kontrollverhalten einschaltet und der Zugang zum Emotionalkörper blockiert ist. Eben aufgrund von alten Erfahrungen.

Weißt du, das funktioniert nicht auf die Dauer. Oder glaubst du zum Beispiel, dass im Mentalkörper keine Angst vorhanden ist? Die Angst existiert in jedem Körper.

Mit welchen Organen steht der Solarplexus besonders in Verbindung?

Eine besondere Verbindung besteht zum Magen, zur Bauchspeicheldrüse, zur Leber und zur Galle. Wobei die Leber und die Galle zu einem gewissen Teil auch zum Polaritätschakra gehören.

Kann man den Darm auch mit einem Chakra in Verbindung bringen?

Das kann man. Hier würde ich jedoch vordergründig das Polaritätschakra und das Basischakra sehen.

Es wird häufig generell gesprochen: Darm = Festhalten. Kann man das so sehen, und wie siehst du das?

Das könnte man bei jedem Organ so sehen. Nur aus dem Grund, dass der Darm oder zum Beispiel die Blase Ausscheidungsorgane sind, glaubt der Mensch, dass sie im Besonderen mit Loslassen und Zulassen zu tun haben. Ich würde diesen Prozess nicht unbedingt nur diesen Organen zusprechen. Wenn sich dein Magen zusammenzieht, hat das auch mit Loslassen zu tun. Weißt du, was ich meine?

Ja.

Gibt es noch Fragen zum Solarplexus?

Nein, momentan nicht, danke. – Können wir mit dem Herzchakra fortfahren?

Natürlich. Dieses Chakra ist zurzeit das Zentrum, das bei der gesamten Menschheit mehr aktiviert werden sollte. Was nicht heißt, dass es bereits entsprechend aktiv ist. Das Herzchakra steht grundsätzlich für den Aspekt der Liebe im Menschen. Durch die Aktivierung dieses Zentrum wird der Menschheit die Möglichkeit gegeben, wieder ihr Menschsein zu entdecken. Außerdem wird den Menschen die Möglichkeit gegeben, das zu leben, was sie wirklich sind. Auch den Weg zu ihrer wahren Wesenheit wieder zu finden und die Akzeptanz anderen Lebewesen gegenüber, unter anderem auch der Erde.

Durch die Aktivierung dieses Chakras empfinden sehr viele Menschen die Liebe als Bedrohung. Sie fühlen sich durchschaut. Denn in dem Moment, in dem bei einem Menschen das Herzchakra voll und ganz entfaltet ist, hat er die Möglichkeit, ohne Maske auf den anderen zuzugehen. Und das empfindet sein Gegenüber im Allgemeinen als Bedrohung. Die Liebe ist eine Energie, die den Menschen die Möglichkeit gibt, ohne diese Masken auf der Erde zu existieren. Doch sehr viele haben Angst, dass sie diese Masken verlieren. Und diese Angst kommt daher, dass sie glauben, nur diese Masken zu sein. Sie wissen nicht, was es heißt, die wahre Wesenheit zu erkennen und zu leben. Es ist gar nicht so einfach, das Herzchakra im Menschen zu aktivieren. Es gibt erst sehr wenige auf der Erde im Vergleich mit denjenigen, deren Herzchakra noch sehr verschlossen ist.

Das Herzchakra beinhaltet außerdem noch Informationen, die lebensbejahend sind – aktiv leben zu wollen, aktiv in Bezug auf die Liebe zu sein, die im Herzen ist. Auch das Mitgefühl ist enthalten. Mit Mitgefühl meine ich, sich in jemand anderen hineinzuversetzen, in der Lage zu sein, zu fühlen, was andere Lebewesen – auch die Erde – empfinden.

Der Unterschied zum Solarplexus in Bezug auf die Gefühle besteht darin, dass die Energie des Solarplexus mehr auf das Ego bezogen ist und die Energie des Herzchakras mehr auf die Liebe; sodass man zu fühlen versucht, was andere empfinden, und ein harmonisches Miteinander anstrebt.

Was die Zuordnung zu einem Organ betrifft, ist mir klar, dass das Herzchakra wohl dem physischen Herzen zugeordnet werden kann. Gibt es auch noch andere Organe?

Ja, die Thymusdrüse.

Hat diese Drüse eine bestimmte Bedeutung? Sie ist doch beim Menschen zurzeit nicht sehr gut ausgeprägt.

Das ist nicht richtig. Zu früheren Zeiten hat sich die Thymusdrüse zurückgebildet, aber sie ist dabei, mit dem spirituellen Bewusstsein der Menschen wieder zu wachsen. Sie hat etwas mit der Wahrnehmung zu tun.

Stecken sonst noch welche Informationen in der Thymusdrüse, die von Bedeutung wären?

Wenn sie dem Wachstum angeglichen ist, beschert sie den Menschen eine Verjüngung. Verjüngung bedeutet für mich, dass sich der physische Körper schneller regenerieren kann, dass er gesünder ist. Dass die Verteilung der Hormone im physischen Körper besser funktioniert. Die Thymusdrüse ist eine Drüse, deren Bedeutung in den nächsten Jahren noch zunehmen wird.

Bedeutung in Bezug auf Wahrnehmung?

Auch in der Hinsicht, was sie für den physischen Körper bedeutet.

Das heißt, wir brauchen dann keine Frischzellenkuren mehr?

Das braucht ihr so und so nicht.

Das war natürlich zynisch gemeint.

Weißt du, wir haben bereits davon gesprochen, dass der Mensch seinen physischen Körper vergöttert. Deshalb war meine Reaktion so. Ich denke, dass in Zukunft andere Schwerpunkte gesetzt werden.

Wie steht es mit der Lunge?

Die Lunge ist ein Organ, das nicht nur dem Herzchakra zugeordnet werden kann. Ich sehe auch eine Verbindung zum Kehlchakra und zum Solarplexus. Aus diesem Grund wäre es nicht richtig gewesen, nur das Herzchakra zu erwähnen.

Hat das Herzchakra bestimmte schwerpunktmäßige Verbindungen zu anderen Chakren oder einem feinstofflichen Körper?

Das Herzchakra ist in Bezug auf die feinstofflichen Körper mit jedem Körper verbunden. Es gibt sonst zu den Chakren keine schwerpunktmäßigen Verbindungen. Es ist eingebunden in die Verbindungslinien, die alle Chakren miteinander verbinden. Es gibt wohl noch Verbindungen zu den höheren Chakren, die ich aber zu einem späteren Zeitpunkt erwähnen möchte – dann, wenn wir gemeinsam die höheren Chakren in ihrer Bedeutung erarbeiten werden.

Du hast uns die Bedeutung und die Funktion des Herzchakras so wunderbar erklärt, dass mir momentan keine andere Frage dazu einfällt.

Das freut mich.

Können wir deshalb mit dem Kehlchakra fortfahren?

Ja, gern. Das Kehlchakra hat wie das Basischakra eine Vermittlerposition. Es verbindet ebenso die Energien von oben nach unten. Dieses Zentrum ist bei sehr vielen Menschen dahingehend belastet, dass Macht und Ohnmacht sich in ihm sehr stark zum Ausdruck bringen. Vor allen Dingen der Gesellschaft, den Menschen gegenüber. Die Angst, etwas Falsches zu sagen, die Angst, sich selbst in seiner gesamten Wesenheit auszudrücken, liegt in diesem Zentrum. Da es eine direkte Verbindung hat zum Polaritätschakra, wäre es das Chakra, das das Potenzial über Worte oder über Handlungen ausdrücken sollte. In dem Moment, in dem der Mensch sein Potenzial nur zu einem gewissen Teil ausdrücken kann, hat er die Schwierigkeit, dass er den Kloß im Hals nicht mehr loswird. Denn die Energie bleibt dann stecken, und es gibt nur eine Möglichkeit, sie aus dem Kehlchakra herauszuholen, indem man sich seine gesamte Wesenheit, sein ganzes Potenzial zu leben traut.

Was noch wichtig ist: Das Kehlchakra dehnt sich aus bis über die Schulterblätter hinaus. Es ist also im physischen Sinn nicht nur der Hals betroffen, sondern auch ein Teil des Rückens und des Brustbereichs. Im vorderen Brustbereich sind Emotionen, die damit zu tun haben, dass ich das, was ich empfinde, mich nicht zu sagen traue. Zum Beispiel die Energie, die aus dem Herzchakra hochkommt und eigentlich will oder verlangt, dass sie ausgedrückt wird. Alles, was nicht ausgesprochen wird, was unterdrückt wird, setzt sich dann im vorderen Brustbereich als gestaute Energie fest und erzeugt zum Beispiel Schmerzen in der Brustgegend und noch mehr. Das ist sehr unterschiedlich und kommt auf die Problematik des jeweiligen Menschen an.

Was ich zum Ausdruck bringen möchte, ist, dass der Mensch sich bemühen sollte, ehrlich sich selbst gegenüber zu sein, dann wird er die Angst verlieren, das auszudrücken, was er wirklich ist. Je mehr der Mensch sich über seine Bedeutung im Klaren ist, desto mehr hat er die Möglichkeit, einen Freifluss im Kehlchakra herzustellen.

Was in diesem Chakra an traumatischen Energien vorhanden sein kann, sind zum Beispiel gewaltsame Tode aus der Vergangenheit, aus früheren Inkarnationen.

Die Verbindung zu den feinstofflichen Körpern verläuft in erster Linie zum Emotional- und Mentalkörper.

Man sagt auch immer wieder, dass nicht ausgesprochene Aggressionen im Kehlchakra stecken.

Das ist richtig. Diese Aggressionen kommen aber in erster Linie aus dem Polaritätschakra.

Und bleiben dann im Kehlchakra stecken?

Ja, so kann man es sehen. Es sieht im Feinstofflichen genauso aus. Diese Energie wird unterdrückt. Nehmen wir einen Menschen, der sehr spirituell ausgerichtet ist. Er hat große Angst, Aggressionen zu empfinden, geschweige denn sie auszudrücken, denn das würde nicht in sein spirituelles Weltbild passen. So lebt er sich nicht selbst und unterdrückt diese Energien. Zum anderen gibt es viele Schuldgefühle in diesem Bereich. Meist sind es Schuldgefühle, die mit dem Dasein zu tun haben. Schuldgefühle zum Beispiel, dass ich überhaupt auf der Erde bin. Auch diese Energien stammen aus dem Polaritätschakra.

Wie sollte man denn mit diesen Aggressionen umgehen?

Eine Möglichkeit, die ich persönlich als sehr gut erachte, ist die, auszusprechen, was da ist. Wenn du Ärger mit jemandem hast, dann sage deine Meinung, sage, was du empfindest. Das ist weitaus besser, als mit einem gestauten Kehlchakra herumzulaufen und später eine Halsentzündung oder Schlimmeres zu bekommen. Wichtig ist die Ehrlichkeit sich selbst gegenüber, sich einzugestehen, dass man zum Beispiel verletzt ist oder dass man sich unverstanden fühlt. Der Mensch hat nun einmal die verbale Kommunikation erfunden, aber in Bezug auf Ehrlichkeit und Aussprache hat er immer noch Schwierigkeiten, diese Erfindung zu benutzen.

Und wenn eine Aussprache nicht möglich ist?

Dann würde ich empfehlen, die Muster aufzulösen, die mich dazu veranlasst haben, dass ich so empfinde, wie ich in dem Moment empfinde. Natürlich hast du auch die Möglichkeit, mit Farben zu arbeiten. In dem Moment, wenn sich die Energie staut, möchte ich die Farbe Grün empfehlen. Sie ist die Farbe, die zu harmonisieren versucht, und sie kann keinen Schaden anrichten, egal, in welchem Chakra du sie benutzt.

Ist die Schilddrüse die einzige Drüse, die dem Kehlchakra zugeordnet werden kann, oder gibt es auch noch andere?

Die Schilddrüse und die Nebenschilddrüse.

Das heißt, bei Schilddrüsenfehlfunktionen ist immer ein Zuviel oder ein Zuwenig an Energie im Kehlchakra?

Ja, so kann man es sehen.

Gut. Kommen wir nun zum Dritten Auge. Kannst du uns dessen Bedeutung und Funktion erklären?

Dieses Chakra wird in der Jetztzeit für die Menschen immer mehr Bedeutung gewinnen. Bei vielen Menschen, die an sich selbst arbeiten und versuchen, ihrer wahren Wesenheit näher zu kommen, hat dieses Chakra immer eine gewisse Angstbesetzung. Das kommt daher, dass es in früheren Zeiten zum Beispiel zu Machtzwecken missbraucht wurde, und dass im Menschen immer noch gewisse Erinnerungen daran vorhanden sind, dass dieses Chakra sehr gewaltig ist, wenn es mit gebündelter Energie eingesetzt wird. Aber die Menschen entwickeln sich weiter und haben so die Möglichkeit, dieses Zentrum auch in seiner positiven Eigenschaft zu nutzen. Es bietet die Gelegenheit, nicht nur nach außen zu sehen, sondern auch nach innen – sich sein Wesen in allen Facetten anzuschauen, zu vergegenwärtigen, was noch alles zu entdecken ist. Außerdem bietet das Dritte Auge, wenn es voll funktionsfähig ist, die Möglichkeit, gezielt Energie einzusetzen, zum Beispiel für Heilungen. Auch gibt es die Möglichkeit, konzentriert Energie vom Dritten Auge in bestimmte Bereiche des Daseins der Erde hineinzusenden, um behilflich zu sein, dass sich etwas auf diesem Planeten verändert, dass sich in den einzelnen Menschen etwas verändert und in mir selbst, wenn ich mit dieser Energie arbeite. Dieses Chakra hat außerdem eine Auswirkung auf die physischen Augen.

Im Allgemeinen wird es ja in Verbindung gebracht mit dem feinstofflichen Sehen. Welche Voraussetzungen müssen erfüllt sein, um feinstofflich sehen zu können?

Zum einen muss das Dritte Auge voll funktionsfähig sein. Das bedeutet, dass in Bezug auf das feinstoffliche Sehen keine Muster in diesem Chakra vorhanden sein dürfen. Denn die Muster sind es, die dich daran hindern, in andere Bereiche hineinzuschauen. Dann möchte ich noch die Frage anfügen: Welche Motivation steckt hinter dem Wunsch nach dieser Fähigkeit?

Was verstehst du eigentlich unter »feinstofflich sehen«?

Feinstofflich sehen bedeutet für mich, dass ich z. B. die Körper, die den physischen Körper umgeben, sehen kann.

Das heißt, diese Wahrnehmung kann auch wieder beschränkt sein, zum Beispiel auf den Energiekörper oder den Emotionalkörper?

So ist es. Die meisten Menschen, die beginnen, feinstofflich zu sehen, entdecken in erster Linie Farben um den anderen herum. Das ist meist der Energiekörper.

Um hier einen kurzen Abstecher zu machen: Was verstehst du unter »Aura«?

Die Aura ist der Energiekörper. Feinstofflich sehen ist für mich auch, etwas zu erkennen, das nicht grobstofflich ist, das eine andere Energiezusammensetzung hat, die normalerweise für die physischen Augen nicht sichtbar ist.

Das würde dann zum Beispiel auch bedeuten, die Information lesen zu können?

Zum Beispiel. – Es gibt noch etwas Wichtiges, das ich noch hinzufügen möchte. Feinstoffliches Sehen hat eine sehr starke Verbindung zu der Energie Verantwortung. Aus diesem Grund sind nicht alle Menschen in der Lage, feinstofflich zu sehen.

Stehen die Ohren auch mit dem Dritten Auge in Verbindung? Sie dienen ja in ähnlicher Weise auch der Wahrnehmung.

Ja, es gibt einen Zusammenhang. Wobei die Ohren auch eine Verbindung zum Polaritätschakra haben. Alles, was es doppelt im physischen Körper gibt, hat eine Verbindung zum Polaritätschakra. Außerdem haben die Ohren noch eine Verbindung zum Kehlchakra.

Kann man auch den Geruchs- und den Geschmackssinn mit einem der beiden Chakren in Verbindung bringen?

Den Geruchssinn und den Geschmackssinn kannst du mit dem Kehlchakra und ebenso mit dem Dritten Auge in Verbindung bringen.

Wie siehst du die Aussage, dass die Augen das »Fenster zur Seele« darstellen?

Ich würde es mit dem in Verbindung bringen, was ich vorhin sagte: Dass das Dritte Auge oder die Augen im physischen Sinn da sind, um nicht nur hinauszuschauen, sondern auch in sich selbst hinein, um seine Wesenheit besser zu beleuchten und zu erkennen.

Eine Frage, die auch mit den Ohren in Verbindung steht: Wie siehst du, ener-

getisch gesehen, den Ohrschmuck – ich meine die gestochenen Löcher? Hat das beeinträchtigende Reaktionen auf den physischen Körper und seinen Energiefluss?

Du meinst in Bezug auf die Akupunkturpunkte?

Ja.

Nun, es kann eine positive Auswirkung sein, aber auch eine negative. Du weißt, dass im Ohr der gesamte Körper enthalten ist, und so besteht natürlich die Möglichkeit, dass ein bestimmtes Organ durch diesen Schmuck aktiviert wird oder zu wenig Energie hat.

Vywamus – um dieses Kapitel abzuschließen –, könntest du uns noch die Aufgabe des Kronenchakras erklären?

Das möchte ich tun, wenn es um die höheren Chakren geht. Denn dieses Chakra bildet die Basis oder den Übergang zu den höheren Chakren.

Gut, dann erkläre uns bitte die wichtigsten Nebenchakren.

Als die wichtigsten Nebenchakren würde ich die Hand- und die Fußchakren bezeichnen. Die Fußchakren sind bei sehr vielen Menschen »geschlossen«. Das bedeutet, dass die Verbindung zur Erde gestört ist. Es ist sehr wichtig, die Fußchakren geöffnet zu haben, damit nicht nur der Kontakt zur Erde gewährleistet ist, sondern der Mensch als eine gesamte Wesenheit in der Lage ist, das, was er aus früheren Inkarnationen auf diesen Planeten gesät hat, auch wieder aufzunehmen. Viele Menschen haben ihre Fußchakren geschlossen, weil sie Angst vor ihrem irdischen Dasein haben. Sie haben Angst, mit der Erde in Verbindung zu kommen, weil das für sie bedeuten würde, Verantwortung zu übernehmen, eins zu werden mit der Erde, auch ihre Bedürfnisse, ihre Gefühle zu spüren. Die Fußchakren befinden sich jeweils in der Mitte der Fußsohlen. Denjenigen, die etwas tun wollen, um den Kontakt zur Erde und zu vergangenen Inkarnationen zu vertiefen, möchte ich raten, dass sie immer wieder mit ihrer Konzentration in diesen Bereich hineingehen. Die Farben Orange und Rot sind sehr hilfreich, um diese Chakren zu öffnen.

Dann noch etwas zum physischen Körper. Wenn die Fußchakren offen sind, ist die Blutzirkulation in den Beinen weitaus besser. Der ganze physische Körper profitiert davon, denn die Erde gibt Heilenergie an den Menschen ab. Und in dem Moment, in dem ich bewusst eine Verbindung mit ihr habe, weil die Fußchakren geöffnet sind, kann ich die Energie zum Beispiel in viele Bereiche des physischen Körpers senden.

Womit sind die Handchakren verbunden?

Die Handchakren stehen sehr stark mit dem Gesetz von Geben und Nehmen in Verbindung. Dieses Gesetz ist allgegenwärtig. Über die Handchakren bringe ich zum Beispiel meine Wesenheit zum Ausdruck. Ich habe die Möglichkeit, gezielt Energien aufzunehmen und sie durch die Handchakren weiterzuleiten. In dem Moment, in dem die Handchakren gezielt Energie abgeben, sieht sie sternförmig aus, fast wie eine kleine Sonne, die ihre Energie nach außen sendet.

Können das beliebige Energien sein, die ich da nach außen sende?

Energie ist grundsätzlich ohne Information. Außer, es wurde eine Information hineingegeben. Wenn die Energie eines Lehrers – nehmen wir an Cantors, der ein Spezialist auf dem Gebiet der Heilung ist – durch die Handchakren gesendet wird, dann gibt er bereits die Information hinein. Wenn du dir aber nur Energie holst, nur den Gedanken »Energie« aussendest, dann ist es notwendig, diese Energie zu programmieren.

Und die Programmierung geschieht über Gedanken?

So ist es.

Könntest du das Öffnen und Schließen der Chakren näher beschreiben?

Aber natürlich. Unter Öffnen verstehe ich bewusst Energie aufzunehmen und in den Chakren zu verteilen. Und unter Schließen verstehe ich, diese Energien nicht in mich hereinzulassen. Die Chakren selbst sind ein System, das Energie aufnimmt und verteilt. In dem Moment, in dem du dich für Energien öffnest, von dir oder von außerhalb, kurbelst du dieses System an. Wenn du nun deine Chakren schließt, dann ist es so, dass du das, was du vorher aufgenommen hast, in dir verteilst und ordnest. So könnte man es sehen. Dieses Verteilen und Ordnen ist aber nicht als Stagnation gemeint, denn die Energie innerhalb des Chakrensystems ist immer in Bewegung.

Gibt es noch andere Nebenchakren, zu denen du etwas sagen möchtest?

Es gibt noch einige, deren Bedeutung jedoch nicht so wichtig ist. Die wichtigsten sind die Hand- und Fußchakren. Ich möchte noch etwas sagen zu den Handchakren, was mir wichtig erscheint: Bei vielen Menschen kann man anhand der Bewegung der Hände meist erkennen, um welche Wesenheit es sich handelt. Ob dieser Mensch aufnahmebereit ist, ob er sich zurückzieht … Aus seiner Gestik kann man viel schließen. Die Hände sind wie ein Spiegel der Wesenheit.

Zeigt sich die Wesenheit auch in den Handlinien?

Weißt du, die Handlinien haben sehr viel Aussagekraft. In dem Moment, in dem ein Mensch in der Lage ist, auf eine andere Wesenheit einzugehen, hat er die Möglichkeit, aus den Handlinien sehr viel in

Bezug auf die Aufgabe, den Werdegang und den Charakter des Menschen zu erkennen.

Können sich die Handlinien im Laufe einer Inkarnation verändern?

Natürlich, genauso wie die Haare.

Wieso erwähnst du jetzt die Haare?

Weil sie sich auch verändern in der Beschaffenheit und Farbe.

Haben die Haare auch eine gewisse Bedeutung, die herauszuheben wäre?

Ich sehe keine besondere Bedeutung außer der, dass sie zum physischen Körper mit dazugehören.

Gut, bleiben wir bei den Chakren und fahren wir fort mit dem Kronenchakra. Du hast ja gesagt, es sei die Basis der höheren Chakren.

So ist es. Das Kronenchakra hat eine Vermittlerfunktion. Es verbindet sozusagen die höheren Chakren mit den »unteren«. Ich möchte die unteren aus dem Grund in Anführungszeichen setzen, weil sie von den Menschen oft abgewertet werden. Das Kronenchakra ist die Antenne, die aufnimmt und auslotet, die teilweise auch verteilt, was hereinkommt. Du kannst es dir so vorstellen, dass die Energie durch die höheren Chakren hindurchfließt, um dann noch einmal beim Kronenchakra geordnet zu werden. Das Kronenchakra übernimmt dann die Vermittlerfunktion und verteilt diese Energien zum Beispiel in die einzelnen Chakren und dann auch in die einzelnen Organe.
Bei vielen Menschen gibt es Blockierungen im Kronenchakra, die aussagen, dass die Energien, die von außerhalb kommen, gefährlich sein könnten. Es sind Blockierungen in Bezug auf Misstrauen, Angst,

Macht und Manipulation. Alles, was von außen beziehungsweise von oben kommt, könnte mir schaden.

Das Kronenchakra in seiner Funktion hat außerdem eine Auswirkung auf das menschliche Gehirn. Es versucht durch den Ausgleich in sich einen Ausgleich der beiden Gehirnhälften zu schaffen. Hier arbeitet das Kronenchakra in direkter Verbindung mit dem Dritten Auge. Die Energie bildet dann ein Dreieck, das du dir so vorstellen kannst: Vom Kronenchakra ausgehend zum Dritten Auge, von dort aus geht die Energie zum Kleinhirn und wieder zurück zum Kronenchakra. Es entsteht hier ein Energiekreislauf, der die Intuition des Menschen vertiefen kann, soweit er bei diesem Prozess bewusst dabei ist.

Vywamus, kannst du uns zu der Symbolik in Bezug auf die Chakren etwas sagen? Sie werden oft dargestellt von unten nach oben als Viereck, Dreieck, Sechseck, tausendblättriger Lotos und so weiter. Haben diese Symbole eine besondere Bedeutung?

Es hat in vielen Epochen viele Seher und Medien gegeben, die in der Lage waren, die Chakren zu sehen. Doch jeder Mensch hat eine bestimmte Sichtweise und versucht die Chakren auf seine Art und Weise darzustellen, versucht den anderen, die die Chakren nicht sehen können, ein bestimmtes Bild zu verschaffen, damit sie in ihrer Vorstellung besser mit diesen Zentren arbeiten können. Was die Form und Farbe der Chakren angeht, so muss ich sagen, dass sie sich immer wieder verändern, dass sie immer wieder ein neues Bild von der jeweiligen Situation und Lage des Chakras geben. Ich kann nicht behaupten, dass sie den immer gleichen Bildern entsprechen, die in so vielen Büchern beschrieben wurden. Die Veränderung ist einfach zu stark.

Gibt es ein besonderes Chakra, das eine besondere Beziehung zum Tier- oder Pflanzenreich hat?

Im Grunde genommen nicht. Wenn sich der Mensch in seiner Gesamtheit bewusst ist, dann steht er mit allem in Verbindung. Es gibt hier keine Trennlinie zwischen Mensch, Chakren und den einzelnen Reichen. Die Chakren sind ein Kommunikationssystem, das im Grunde genommen danach strebt, mit allem in Verbindung zu sein. Nur der Mensch grenzt sich diesbezüglich ab, aufgrund der unterschiedlichen Vorstellungen und Muster in seinen einzelnen Chakren und in seinen feinstofflichen Körpern.

Warum trennt man eigentlich die höheren und unteren Chakren in zwei Bereiche?

Das ist ganz einfach. Der Mensch kannte in dieser Zeit eigentlich nur die sieben Chakren. Als sich dann das Bewusstsein auf diesem Planeten verändert hat und die höheren Chakren hinzukamen, wurden sie als die höheren Chakren bezeichnet, weil es etwas Neues für den Menschen war. Im Grunde genommen gibt es weitaus mehr als zwölf Chakren. Es ist immer eine Sache der Entwicklung, inwieweit die Menschheit bereit ist, etwas Neues von sich selbst in ihr Bewusstsein aufzunehmen.

Wo endet das letzte Chakra – um hiervon eine Vorstellung zu bekommen?

Wie meinst du das mit »enden«? Verlange nicht von mir, dass ich eine Meterangabe mache.

Gibt es überhaupt ein Ende in Bezug auf die Chakren?

Es gibt kein Ende. Es gibt kein Ende insofern, als dass das letzte Chakra wieder verbunden ist mit dem All-Eins-Sein, verbunden ist mit der Seele, mit der Monade, der Quelle. Der Mensch möchte gerne Grenzen haben, damit sein Verstand besser mit diesen Energien umgehen kann. Der Verstand wird niemals das Unbegrenzte verstehen, weil er davor Angst hat. Unbegrenztheit gebenüberzustehen bedeutet, die Dinge nicht mehr einordnen zu können.

Welche Funktion hat das 8. Chakra?

Das 8. Chakra wird sehr oft als der Sitz der Seele bezeichnet. Wobei ich hier gleich anfügen möchte, dass es meiner Ansicht nach nicht die richtige Bezeichnung ist. Ich glaube, dass durch diese Bezeichnung, durch diesen Namen, viele Menschen glauben, dass die Seele im 8. Chakra sitzt. Aber stellt euch einmal vor, wie das aussehen würde!
Das 8. Chakra stellt eine Verbindung zur Seele her und gibt in dem Moment, wenn diese Verbindung aktiv ist, die Energie der Seele an das 7. Chakra weiter und hinunter zu all den anderen Chakren sowie nach oben bis zum letzten Chakra hinauf. Das bedeutet, dass durch die Aktivierung des 8. Chakras die Energie der Seele in die Gesamtheit einfließen kann und dort mehr Einfluss gewinnt. Es bedeutet außerdem, dass die Seele die Möglichkeit bekommt, über das 7. Chakra, das in direkter Verbindung zum 8. Chakra steht, das Gehirn des Menschen mehr mit der Intuition zu verbinden.
Jedes der höheren Chakren ist in den jeweiligen Körper eingebettet, der zu ihm gehört. Ich möchte das hier nur anfügen, damit der Leser nicht glaubt, dass die Chakren einzeln in der Gegend herumstehen. Sie sind in ein System eingegliedert, das die Gesamtheit umfasst, und dazu gehören die einzelnen feinstofflichen Körper. Es gibt außerdem eine direkte Verbindung vom 8. Chakra zum Herzchakra. Durch diese Verbindung wird der Liebesaspekt im Herzen angeregt. Und die Seele versucht mit ihrer Energie, dem Menschen das Mensch-Sein wieder beizubringen.

Was ist das für ein Körper, in den das 8. Chakra eingebettet ist?

Es ist der 8. Körper. Er ist dazu da, die Energie der Seele in den übrigen feinstofflichen Bereichen zu verteilen. Er hat dieselbe Funktion wie das Chakra. Nur geht seine Energie durch die Gesamtheit der Körper. – Gibt es noch Fragen zum 8. Chakra?

Momentan nicht.

Gut, dann kommen wir jetzt zu Chakra Nummer 9. Dieses Chakra arbeitet direkt mit dem Dritten Auge zusammen. Aktiviert man dieses Chakra – mit »aktivieren« meine ich, bewusst Kontakt über die Gedanken, über die Vorstellung aufzunehmen –, dann hat man die Möglichkeit, das Sehen sowohl nach außen wie nach innen zu verbessern. Dieses Chakra hilft dem Menschen außerdem, dass er sich mit anderen Lebewesen rein mental, also gedanklich, austauschen kann. Zudem erweitert es die Wahrnehmung und Sichtweise in Bezug auf Begrenzungen der eigenen Person. Wenn die Energie des 8. Chakras mit dem 9. Chakra verbunden wird, so erlebt der Mensch eine Expansion, eine totale Ausdehnung. Er hat hier die Möglichkeit, sich mit allem, was ist, besser zu verbinden.

Kannst du uns eine Möglichkeit nennen, wie wir das 9. Chakra dementsprechend aktivieren können?

Nun, über die Gedankenkraft. Dass ich über Gedanken Energie in dieses Chakra sende. Mit der Information »Expansion« oder »Verbindung zur Seele«. Ausschlaggebend ist die Programmierung. Dieses Chakra hat außerdem eine Verbindung zu eurem Mentalkörper. Das bedeutet, dass die gedankliche Vorstellung durch dieses Chakra, durch diese Verbindung, erweitert werden kann. Zum Beispiel durch die Energie »Expansion«. Auch hier bildet sich eine dreieckige Energie, die vom 9. Chakra zum Mentalkörper geht, von dort aus zum Dritten Auge, und vom Dritten Auge wieder hinauf zum 9. Chakra. Es gibt viele Dreiecksverbindungen innerhalb des Chakrensystems mit den feinstofflichen Körpern.

Hat das einen bestimmten Grund, warum diese Energieformen dreieckig angeordnet sind?

Nun, es ist eine sehr starke Verbindung und hat eine Beziehung zu den ersten drei Strahlen. Der Mensch würde diese Verbindung als Dreieinigkeit bezeichnen.

Vywamus, du hast jetzt gerade von Strahlen gesprochen. Gibt es eine Beziehung zwischen einem bestimmten Chakra und einem bestimmten Strahl?

Du kannst alles in Beziehung setzen, wenn du möchtest.

Oder anders ausgedrückt: Ist ein Strahl einem bestimmten Chakra zugeordnet? In der Literatur gibt es manchmal diesbezügliche Hinweise.

Einerseits möchte ich diese Frage mit Ja beantworten. Andererseits nicht. Wenn ich jetzt beginne, die Strahlen den einzelnen Chakren zuzuordnen, dann tut das bald jeder und vergisst dabei, dass die Strahlen alles durchdringen. Man kann grundsätzlich jedem Chakra einen einzelnen Strahl zuordnen, genauso wie eine spezifische Farbe.

Können wir mit dem 10. Chakra fortfahren?

Gern. Das 10. Chakra steht in Verbindung mit dem Polaritätschakra. Auch mit dem Kehlchakra. In diesem Chakra ist das Wertungsprinzip beheimatet. Aber nicht in dem Sinn, wie du es jetzt direkt im Polaritätschakra findest, also nicht im Sinne von gut und böse. Das 10. Chakra versucht, das Wertungsprinzip auf eine andere Ebene zu bringen. Das bedeutet, dass eine übergeordnete Sichtweise in Bezug auf die Polarität erreicht werden soll. Es ist schwierig, das zu erklären. Außerdem hat dieses Chakra etwas mit dem Potenzial zu tun. Mit dem, was du in diese Inkarnation mitbringst. Durch die Aktivierung und Konfrontation der Energie des 10. Chakras hast du die Mög-

lichkeit, die Kraft zu bekommen, dein Potenzial zu leben, es zum Ausdruck zu bringen. Bei vielen Menschen ist dieses Chakra zurzeit sehr aktiv und gibt viel Energie an das Polaritätschakra weiter. Wobei die meisten Menschen die Schwierigkeit haben, zu ihrem Potenzial zu stehen und es verbal zum Ausdruck zu bringen.
Ich sehe hier noch eine Verbindung, die etwas zarter ist, aber sie ist da. Es ist eine Verbindung vom 10. Chakra zu den Handchakren. Auch sie dienen als Ausdrucksmittel des Potenzials.

Ich habe da noch eine Frage zu dem Wertungsprinzip des 10. Chakras. Ist das überhaupt noch eine Wertung, eine Aufteilung zwischen Gegensätzen?

Weißt du, dieses Chakra versucht, die beiden Pole miteinander zu verbinden. Vielleicht sollte ich versuchen, es so zu erklären:
Im Polaritätschakra hast du zwei Seiten: passiv und aktiv. Diese zwei Seiten werden im 10. Chakra zusammengefasst und hier ausbalanciert. Dann wird die Energie, die dort entsteht, wieder hinunter zum Polaritätschakra gesandt. Also, dieses Chakra ist dazu da, die Polarität auszugleichen.

Könnte ich auch sagen, dass ich über dieses Chakra immer beide Seiten sehe?

Dieses Chakra bietet dir die Möglichkeit, beide Seiten leichter zu akzeptieren. Innerhalb des Polaritätschakras ist die Wertung viel zu groß, und eine Seite ist immer die Stärkere.
Also aufgehoben ist die Polarität im 10. Chakra noch nicht?

Nein. Denn du als Gesamtheit in das Wertungsprinzip bist eingebunden in die Polarität. Dieses Chakra hilft dir, dein Bewusstsein vom Polaritätschakra her anzuheben. Wenn du die Energie des Polaritätschakras nach oben sendest, kommt sie verfeinert zurück.

Gut, ich habe dann vorläufig keine weitere Frage zum 10. Chakra. Könntest du uns nun das 11. Chakra erklären?

Das 11. Chakra ist ein Verteiler-Chakra. Das bedeutet, dass die Energie, die vom 12. Chakra an das 11. Chakra weitergegeben wird, direkt an den physischen Körper verteilt wird. Und zwar an alle Zellen des physischen Körpers. Je nach Schwerpunkt, dahin also, wo am meisten Energie gebraucht wird. Über die Aktivierung des 11. Chakras hast du die Möglichkeit, die Zellen deines physischen Körper zu programmieren. Das 11. Chakra gleicht aus, was im physischen Körper zum Beispiel erkrankt oder mit Energie unterversorgt ist. Oder auch da, wo zu viel Energie vorhanden ist.

Wenn du sagst, das 11. Chakra verteilt die Energien des 12. Chakras – was ist das für eine Energie, die vom 12. Chakra kommt?

Das ist kosmische Energie. Es ist die Energie, mit der der Mensch gespeist wird. Die Energie, die andauernd durch euch hindurchfließt.

Du hast ja auch bei den unteren Chakren schon erwähnt, dass sie in Verbindung stehen mit kosmischer Energie. Ist das so, dass diese unteren Chakren auch eine direkte Verbindung haben zu dieser kosmischen Energie, oder geht das alles über das 12. und 11. Chakra?

Für eure menschliche Vorstellung wäre es am einfachsten, wenn diese Energie über das 12. Chakra hineinkäme und über die Fußchakren wieder hinausginge. Doch in Wirklichkeit ist es nicht so, denn das 12. Chakra ist allumfassend. Jedes Chakra hat eine Verbindung mit dieser Energie, ebenso wie jeder feinstoffliche Körper.
Noch eine Verbindung, die vielleicht für euch wichtig ist: Das 11. Chakra hat zudem die Möglichkeit, seine Energien im Energiekörper des Menschen einzusetzen und zu verteilen. Der Energiekörper ist derjenige, der dem physischen Körper am nächsten ist. Und dort wer-

den bestimmte Muster, die sich als Krankheit manifestieren können, für hellsichtige Menschen schon im Voraus sichtbar. Die Krankheiten, die sich manifestieren wollen, warten nur auf eine günstige Gelegenheit. In dem Moment, in dem die Energie des 11. Chakras gezielt eingesetzt wird, geht sie in den Energiekörper hinein und verursacht dort Explosionen. Das, was durch die Explosionen freigesetzt wird, ist eine Transformation der Muster, die sich sonst als Krankheit im physischen Körper manifestieren könnten. Vielleicht wird dadurch deutlich, wie wichtig das 11. Chakra ist und wie vorteilhaft es wäre, wenn der Mensch gezielt mit diesem Chakra arbeiten würde.

Wie kann ich mit diesem Chakra arbeiten, wenn ich nicht in der Lage bin, es wahrzunehmen?

Du kannst immer mit jedem Chakra arbeiten, wenn du dies über Gedankenkraft tust. Das heißt, dich gedanklich auf das jeweilige Chakra einstellen und dann die entsprechende Information hineinsenden.

Gibt es zum 12. Chakra noch etwas zu sagen, außer dass es kosmische Energien aufnimmt?

Ja, es gibt schon noch etwas zu sagen. Das 12. Chakra stellt eine direkte Verbindung zur Monade und zur Quelle dar. Außerdem gibt es noch eine Verbindung zu eurem Nabel und zum Herzchakra. Zum Nabel aus dem Grund, weil er für die Verbindung zum Ursprung steht.

Du hast noch von Chakren jenseits des zwölften gesprochen. Kannst du uns zumindest eine kleine Erklärung geben, wofür diese noch höheren Chakren sind?

Weißt du, es ist zu diesem Zeitpunkt nicht ratsam, noch weiter zu gehen. Der Mensch muss erst lernen, mit den 5 höheren Chakren umzugehen. Ich möchte deshalb beim 12. Chakra enden.

9

Vywamus, wir haben einen Katalog von Stichwörtern vorbereitet, die von den Menschen sehr unterschiedlich gesehen oder beurteilt werden. Wir würden uns freuen, wenn du uns aus deiner Sicht als Lehrer diese Begriffe erklären würdest. Beginnen würden wir gerne mit dem Begriff FRIEDE.

Frieden ist das, nach dem die Seelen der Wesenheiten, die auf diesem Planeten leben, trachten. Jede Wesenheit will Frieden in seiner Umgebung haben. Doch Friede kann nur dann entstehen, wenn der Mensch in seinem Innersten wieder zur Gesamtheit, zur Seele findet. Friede ist das, was dieser Planet und alles, was auf ihm lebt, brauchen würde. Es ist auch ein Teil unserer Arbeit, der Menschheit den Frieden wieder zurückzugeben. Friede bedeutet: In sich ruhen, sich in Einheit mit allem, was ist, zu erleben. Friede und Harmonie könnte man gleichsetzen. Ich weiß, dass es nicht so einfach ist, den Frieden auf der Erde zu erzeugen, denn der Mensch ist eingebunden in ein Wertungssystem, das ihn immer wieder in die Disharmonie bringt. Es wird noch eine sehr lange Zeit dauern, bis Frieden auf der Erde erreicht wird. Die Menschen sind noch weit entfernt davon, und wenn ihr euch umschaut, könnt ihr sehen – sei es nun im kleinen Kreis oder auf der ganzen Erde –, dass auf diesem Planeten meist das Gegenteil von Frieden herrscht.

Der nächste Begriff, den wir vorbereitet haben, wäre LICHT.

Nun, von Licht wird auf der Erde sehr viel gesprochen. Vor allen Dingen von den Menschen, die sich auf den Weg zu sich selbst gemacht haben. Licht ist alles, was ist. Alles ist aus Licht entstanden und besteht aus Licht. Licht ist das, woraus der Mensch zusammengesetzt ist. Ohne Licht würde es auf diesem Planeten kein Leben geben. Symbolisch gesehen könnte man die Sonne als Licht bezeichnen. Wenn sie nicht wäre, würde alles sterben. Es wäre nie etwas auf der Erde entstanden.

Viele Menschen sprechen von Licht und sind sich nicht im Klaren darüber, dass es sich nicht um elektrisches Licht handelt, um eine Glühbirne, die ich in meinem Innersten anzünde, damit ich erleuchtet werde. Licht ist beständige, kontinuierliche Entwicklung.

Meines Erachtens sollte man das Wort »Licht«, das eine bestimmte Schwingung darstellt, die erneuert, etwas gemäßigter verwenden. Viele Menschen sprechen immer von diesem Licht, doch sind sie sich nicht darüber im Klaren, was es wirklich bedeutet, wie Licht ihr Leben verändern kann. Die Schwingung des Wortes »Licht«, in dem Moment, in dem es ausgesprochen wird, in Verbindung zum Beispiel mit einem Organ des physischen Körpers, erzeugt eine Erneuerung, eine Umwandlung. Das Wort Licht in seiner Schwingung und Energie kann für vieles eingesetzt werden, was ich zum Positiven wandeln möchte.

Zum Wort »Licht« fällt mir die FARBE ein.

Was möchtest du damit ausdrücken?

Nun – sind alle Farben im Licht enthalten?

Farben sind eine Reflexion des Lichtes. Das Licht bedingt die Farben. Das Licht lässt die Farben entstehen.

Kann man das als Abspaltungen sehen oder als Teil des Lichts?

Schau, wenn Licht alles ist, was ist, und aus dem Licht alles entstanden ist – wie könnte es dann eine Abspaltung sein?

Das war nur ein anderes Wort für »Reflexion« aus meiner Sicht.

Ohne das Licht gäbe es keine Farben.

Hat jede Farbe auch eine individuelle Bedeutung?

Sicherlich haben sie eine individuelle Bedeutung. Individuell in dem Sinn, dass sie für verschiedene Menschen etwas Unterschiedliches bedeuten.

Und auch bewirken können?

So ist es.

Das heißt, dass jede Farbe auch eine bestimmte Information in sich trägt?

Natürlich, sie hat eine eigene Schwingung. Über das menschliche Auge nimmt der Mensch die Farbe in seiner ureigensten Individualität auf. Damit möchte ich sagen, dass zum Beispiel für dich eine rote Rose eine intensivere Farbe hat als für jemand anderen. Deshalb auch individuell. Jeder Mensch sieht eine Farbe anders. Blau ist nicht gleich Blau und Rot nicht gleich Rot. Weißt du, was ich meine?

Noch nicht ganz.

Ich wollte damit sagen, dass der Mensch in seiner Individualität auch individuell anders in seiner Wahrnehmung ist. Dass die physischen Augen unterschiedlich sehen. Und sie nehmen diese Farben unterschiedlich auf, haben eine bestimmte Vorstellung von dieser Farbe. Wenn du zum Beispiel eine Farbe als Dunkelblau bezeichnest, könnte dein Nachbar diese Farbe als eher Mittelblau sehen.

Das heißt, die Bewertung entsteht aufgrund von gespeicherten Erfahrungen?

So ist es. Jeder bewertet und sieht oder empfindet eine Farbe anders. Deshalb sind Farben meines Erachtens sehr, sehr individuell.

In Verbindung zum Wort »Licht« wird häufig das Wort »Liebe« erwähnt – »Licht und Liebe«. Darum wollen wir dich als Nächstes um eine Stellungnahme zum Wort LIEBE bitten.

Nun, Liebe sehe ich als zweigeteilt in dem Sinn, dass das übergeordnete Prinzip Liebe, das aus dem Licht entstanden ist, auf diesem Planeten in seiner ureigensten Form nicht existieren kann, denn hier unterliegt es dem Wertungsprinzip. Das, was der Mensch als »Liebe« bezeichnet, ist eigentlich mehr Sympathie und Zuneigung. Man könnte die Liebe der Menschen auch so sehen, dass es ein Heruntertransformieren von der göttlichen Liebe ist, die in übergeordnetem Sinn zum Beispiel bei uns Lehrern herrscht. Der Mensch lebt danach, sein Herzchakra so zu öffnen, es zu perfektionieren, sodass er diese Liebe, die er ja aus seinem Ursprung heraus kennt, gerne wieder erleben und leben möchte. Doch wird er Schwierigkeiten haben, innerhalb der Polarität die Liebe in ihrem wahrsten Sinne kennenzulernen. Manchen Menschen gelingt es während einer Meditation oder durch die Verbindung zur Seele, diese Liebe in ihrer ureigensten Bedeutung zu erleben. Bei der Liebe, von der ich jetzt spreche, handelt es sich um eine Energie, die ein ewiges Fließen und Verbinden mit allem bedeutet. Es ist keine Liebe, wie der Mensch sie kennt, keine Liebe, die fordert. Die menschliche Liebe ist eine Liebe, die nicht nur gibt. Die göttliche Liebe ist eine Liebe, die immer fließt und niemals aufhört.

Das Gegenstück zum Begriff »Liebe« wäre HASS. Könntest du uns dazu etwas sagen?

Hass entsteht meist aus Neidgefühlen. Er ist eine – nun, ich würde es »destruktive Energie« nennen. Durch diese Energie entstehen sehr oft physische Erkrankungen. Das bedeutet, dass selbst dann, wenn ich die Energie des Hasses oder des Neides in Gedankenform aussende, ein gewisser Teil noch in mir selbst verbleibt und meinen physischen Körper zerstören kann. Diese Energie des Hasses entsteht oftmals auch aus dem Konkurrenzdenken heraus. Schau die Menschen an, die in Neid und Hass miteinander leben. Wie es ihnen geht, wie sie sich fühlen. Seht, dass sie zunehmend frustrierter werden. Sie sind nicht bereit, ihr Leben in Freude zu genießen. Genau das Gegenteil treibt sie an. Hass ist eine Energie, die den Menschen in seiner gesamten Wesenheit erfassen kann. Das bedeutet, dass sich Hass auch in den feinstofflichen Bereichen einnistet und den Menschen wie eine graue Wolke umgibt und ihn so gefangen nimmt. Aus Neid und Hass heraus entsteht eine Fixierung, die den Menschen wie ein Astralwesen oder ein Elemental beherrschen kann.

Der nächste Begriff wäre UNWÜRDIGSEIN.

Unwürdigsein ist eine Energie, die die Erde flächendeckend beherrscht. Das Unwürdigsein ist entstanden, als der Mensch seine Göttlichkeit aufgegeben und sich nur mehr mit seinem physischen Körper identifiziert hat. Das ist mit dem Gefühl der Minderwertigkeit gekoppelt, schwach zu sein, nicht in der Lage zu sein, sein eigenes Leben in die Hand zu nehmen. Durch das Gefühl des Unwürdigseins war der Mensch bereit, jegliche Verantwortung einer übergeordneten Instanz zu übertragen – Regierung, Religion usw. Das Unwürdigsein ist etwas, das die katholische Kirche zum Beispiel ihren »Gläubigen« immer noch eintrichtert. Das Unwürdigsein veranlasst den Menschen, sich noch mehr von seiner Seele und seiner gesamten Wesenheit zu entfernen. Unwürdig sein ist unter anderem auch ein Weg in die Depression.

Kannst du uns den Begriff FREIHEIT *aus deiner Sicht erklären?*

Nun, Freiheit entsteht durch den Frieden mit mir selbst. Viele Menschen suchen diese Freiheit im Außen, ebenso, wie ich es bereits beim Wort »Frieden« erörtert habe. Der Mensch kann nur Freiheit erlangen, wenn er sich mit seiner wahren Wesenheit identifiziert. Wenn er davon absieht, alles nach außen zu projizieren, immer die Ursache für gewisse Begebenheit im Außen zu suchen. Freiheit entsteht nur im Inneren, in mir selbst, innerhalb meiner Harmonie. Auch innerhalb dessen, wie ich mich selbst lieben und akzeptieren kann. Es gibt nichts, was meine Freiheit beschränken kann, wenn ich diese Freiheit in meinem innersten Kern entwickelt habe. Doch der Mensch glaubt, dass die anderen im Außen seine Freiheit, ihn selbst, begrenzen, weil er diesbezüglich den falschen Weg eingeschlagen hat.

Wir möchten dich nun zu einem Begriff befragen, der von den meisten Menschen als sehr negativ gesehen wird: zum Begriff MACHT.

Dieser Begriff hat zwei Seiten. Durch den Umstand, dass die meisten Menschen ihre Verantwortung einer übergeordneten Instanz gegeben haben, empfinden sie die Macht als Druck, also negativ. Sie haben durch das Abgeben der Eigenverantwortlichkeit ihre Macht abgegeben. Es bedeutet jedoch auch, dass jeder Mensch in sich selbst als Schöpfer mächtig genug ist, etwas zu verändern, sein Leben eigenverantwortlich zu leben. Wenn ich erkenne, dass Macht zum Beispiel auch etwas mit Machen zu tun hat, werde ich die negative Seite der Macht nicht so zu spüren bekommen. Denn in dem Moment stütze ich mich auf meine eigene Kreativität, mein Willensprinzip, meine Schöpfung, die aus mir entsteht.

Viele Wesenheiten haben unter Macht in früheren Inkarnationen und vielleicht auch in dieser Inkarnation gelitten. Manche fühlen sich ohnmächtig, was bedeutet, dass sie sich machtlos glauben, keine Möglichkeit sehen, ihr Leben selbst zu leben. Die meisten Menschen empfinden sich als Spielball der Mächtigen hier auf diesem Planeten. Viele Wesenheiten, die jetzt auf dem Weg zu sich selbst sind, spüren, dass diese Macht wieder Schritt für Schritt an sie selbst zurückgegeben wird. Das äußert sich in einer Aktivität im Bereich des Dritten Auges. Manche spüren das in der Form, dass sie jetzt über das Dritte Auge, durch ihre Imagination, etwas »machen« zu müssen glauben. Aber sie wissen nicht, dass jegliche Aktivität, die über das Dritte Auge geht, in erster Linie etwas mit der Verbindung zur Seele zu tun hat. Diejenigen, die jetzt ihre Macht wieder zurückbekommen, sollten sich mehr bemühen, mit ihrer Seele in einen bewussten Kontakt zu kommen, damit sie hier auf diesem Planeten etwas bewirken können. Das ist, was ich zu »Macht« zu sagen habe.

Was möchtest du uns zum Stichwort MANIPULATION sagen?

Manipulation würde ich mit der Angst davor gleichsetzen. Auch hier mischt sich wieder die Energie der Macht im negativen Sinne ein. Viele Menschen haben Angst, dass sie manipuliert werden könnten. In Wirklichkeit werden fast alle Menschen auf diesem Planeten manipuliert. Schaut euch nur die übergeordneten Instanzen an. Wie sie die Menschen, die Völker teilweise erniedrigen. Was sie mit ihnen tun, ist Manipulation. Es geschieht nichts aus dem eigenen Willen heraus. Ihr habt Medien, die die Menschen manipulieren. Die ihnen zum Beispiel einsuggerieren, was sie einkaufen sollen, wie sie sich verhalten müssen, um als »gut« von der Gesellschaft bewertet zu werden, wie sie sich kleiden sollen, was Mode ist. Und so ist die gesamte Gesellschaft manipuliert.
Nun noch ein Wort zu denjenigen, die sich auf dem Weg zu ihrer Seele befinden. Sobald sie sich öffnen, befällt sie die Angst, manipuliert zu werden. Diese Angst ist aus früheren Begebenheiten entstanden, wo sie von außen über das Dritte Auge manipuliert wurden, wo ihr Wille ausgeschaltet wurde. Doch in dem Moment, in dem ich wach für mich selbst bin, mich selbst gut kenne und spüre, mit welcher

Energie ich es zu tun habe, brauche ich die Angst, manipuliert zu werden, nicht mehr zu haben. Mit dem Wort »Manipulation« ist sehr viel Sensation verbunden. Es wird oftmals sehr hochgespielt, obwohl sich dahinter nichts verbirgt.

Möchtest du uns noch etwas zu einem Begriff sagen, den wir schon sehr oft erwähnt haben: zu ANGST?

Nun, dieser Begriff könnte ein Buch füllen. Es gibt so viele Facetten der Angst. Angst entsteht grundsätzlich aus Unwissenheit. Angst entsteht aus der Entfernung von mir selbst. Es gibt sehr viele Ängste, die ich hier nicht alle aufzählen möchte. Vielleicht ein Rat zu diesem Wort: Es wäre für die Menschen sehr günstig, vor allen Dingen für diejenigen, die bereits einiges in sich entdeckt haben, sich immer wieder mit den auftauchenden Ängsten zu konfrontieren. Es ist nicht von Vorteil, einer Angst davonzulaufen. Denn sie hat meistens viel längere Beine und holt den Menschen wieder ein. Deshalb konfrontiert jegliche Angst, die in euch auftaucht, sofort. Versucht, so weit wie möglich auf die Ursache zu kommen. Beschäftigt euch mit dieser Angst. Seht euch in der Situation, die euch Angst macht. Konfrontiert, welche Energie euch ohnmächtig, ohne Macht dieser Angst gegenüber sein lässt. Je mehr der Mensch bereit ist, zu seiner Wesenheit zu stehen, desto weniger werden Ängste auftauchen.
Zum anderen ist es so, dass innerhalb der Gesellschaft, des Massenbewusstseins, sehr viele Ängste, die mit der jetzigen Leistungsgesellschaft zu tun haben, explodiert sind. Ich sehe es nicht als förderlich, die Kinder und Jugendlichen mit diesen Ängsten, insbesondere mit den Versagensängsten zu konfrontieren. Diese Gesellschaft ist auf den Intellekt ausgerichtet, und viele Menschen leiden darunter, weil alle Gefühle dem Intellekt untergeordnet sind. Was wiederum die Angst erzeugt, nicht gut genug zu sein. Oder die Angst, anders zu sein als die anderen, die Angst, in eine Außenseiterposition zu kommen, die Angst, zu versagen, und die Angst vor der Zukunft. Glaubt

mir, dass es viele Kinder und Jugendliche gibt, die sich sehr wohl ernsthaft Gedanken über ihre Zukunft machen, aber keine Perspektive mehr sehen. Was fehlt, sind das Gefühl und die Wärme. Und aus diesem Umstand heraus entstehen viele Ängste, die sich sehr, sehr schnell ausbreiten.

Kannst du uns den Begriff WAHRNEHMUNG erläutern?

Auch hier gibt es unterschiedliche Möglichkeiten. Das, was beim Menschen am meisten ausgeprägt ist, sind eigentlich die 5 Sinne. Das ist eine Möglichkeit der Wahrnehmung. Für diejenigen, die ihre Wahrnehmung geschärft haben, besteht die Möglichkeit, sie so auszudehnen, dass sie Dinge wahrnehmen, die jenseits des Grobstofflichen sind, die Fähigkeit, in feinstoffliche Bereiche hineinzusehen oder Naturgeister zu erkennen. Es gibt hier viele Möglichkeiten. Die Wahrnehmung an und für sich dehnt sich aus und erweitert sich in dem Moment, wenn sich die Verbindung zur Seele mehr und mehr stabilisiert. Es ist nicht von Vorteil, zum Beispiel nur das Dritte Auge zu aktivieren, um endlich allumfassender sehen zu können. Es geht mehr oder weniger darum, mit der Seele in Verbindung zu sein, denn dadurch entwickelt sich das Sehen und auch das Empfinden von Energien.
Wobei wir beim nächsten Punkt wären. Das Empfinden von Energien sehe ich so, dass ich als Mensch unterscheiden kann, welche für mich förderlich ist und welche sich destruktiv auf mein persönliches Wachstum auswirkt. Die meisten Menschen erkennen das an der Sympathie oder am Gegenteil. Aber dann, zu diesem Zeitpunkt, ist es meistens schon zu spät. In dem Moment, wenn ich meine Wahrnehmung erweitere, habe ich ein viel größeres Spektrum, diese Energien bereits weit vorher zu erkennen und zu spüren.

Ich möchte mit dem Begriff MEDITATION fortfahren.

Ich sehe diesen Begriff so, dass alles, was ich tue, Meditation ist. Gut, viele Menschen brauchen Stille und wenden die unterschiedlichsten Techniken an, um sich in sich selbst zurückzuziehen, aber in dem Moment, wenn ich bewusst im Hier und Jetzt lebe, ist jeder Handgriff, jeder Gedanke, jede Emotion eigentlich Meditation. Meditation bedeutet nichts anderes, als bewusst im Hier und Jetzt zu sein.

Der nächste Begriff, zu dem ich dich jetzt fragen wollte, wäre ICH BIN.

»Ich bin« ist der Ausdruck dafür, dass alles aus einem entstanden ist, und dass ich oder du oder wir ein Teil davon sind. Dieses »Ich bin« ist einerseits individuell, andererseits drückt es die Gesamtheit aus. »Ich bin« bedeutet, beides zu sein. Durch die Arbeit mit der Energie des »Ich bin«, mit diesen beiden Worten, erreicht der Mensch unter anderem eine Akzeptanz allen Wesenheiten gegenüber, die auf diesem Planeten sind und leben, und natürlich der Erde selbst gegenüber.

Wie würdest du SPIRITUALITÄT erklären?

Weißt du, »Spiritualität« oder auch andere Ausdrücke dafür sehe ich im Grunde genommen als eine Art Begrenzung, die im Massenbewusstsein verankert ist. Mit dem Wort »Spiritualität« unterscheide ich mich von den anderen. Ich bin spirituell, was bedeutet, ich bin dabei, meine Gesamtheit zu finden – aber die anderen sind es nicht. Spiritualität ist nichts anderes als eine Möglichkeit, seine Wesenheit zu entdecken. Eine andere Möglichkeit, seine Wesenheit zu entdecken, wäre zum Beispiel die, sich einen Tag mit einem Baum zu verbinden. Oder einen Berg hinaufzuklettern. Oder im Meer zu baden. Weißt du, was ich damit sagen möchte?

Ja. Ich nehme an, es geht darum, etwas ganz bewusst zu tun.

Zum einen. Und zum anderen, dass ich jetzt meinen Teil, zum Beispiel in der Natur, erkenne. Dass alles ein Teil von mir ist, ein Teil der Gesamtheit. Und dass ich trotzdem diese Gesamtheit sein kann.

Ich hätte noch gerne, dass du uns einen weiteren Begriff zu diesem Themenkreis erklärst. Und zwar den Begriff ERLEUCHTUNG.

Nun, das ist in der Jetztzeit ein sehr, sehr wichtiger Begriff. Denn alle Menschen, die auf dem Weg zu sich selbst sind, streben diese Erleuchtung an. Im Grunde genommen ist es anderer Begriff für »Ich bin«, »Spiritualität« oder »All-Eins-Sein«. Der Mensch erwartet von sich selbst, dass etwas Großartiges in ihm geschieht, sobald er sich seiner Wesenheit zuwendet. Dabei übersieht er, dass er eine komplexe Wesenheit ist. Dass er *allmählich* zu sich selber kommt. Er sieht die Kleinigkeiten nicht, kann seine Fortschritte nicht sehen, weil er immer auf das Großartige wartet, das du hier mit »Erleuchtung« bezeichnet hast.

Kannst du uns erklären, was du unter einem so genannten LEBENDEN MEISTER *verstehst?*

Aber natürlich. Jeder Mensch hier auf diesem Planeten ist ein lebender Meister. Nur ist er etwas davon entfernt, diesen Meister in sich selbst zu erkennen. Deshalb begibt er sich auf die Suche, um den Meister im Außen zu entdecken. Aber er wird diesen Meister im Außen nicht finden. Er findet vielleicht einige Möglichkeiten, die ihm zeigen, dass er im Grunde genommen selbst dieser Meister ist, was auch der Wahrheit entspricht. Es gibt viele lebende Meister hier auf der Erde. Und ich wünsche jedem Menschen, dass er seinen lebenden Meister in sich selbst findet. Denn alleine dadurch würde sich das Massenbewusstsein schlagartig verändern, und eine neue Lebensweise könnte beginnen. Eine ganz andere Qualität würde auf der Erde herrschen. Es gäbe ein Aufatmen durch alle Reihen. Es gäbe keine Kriege mehr, keinen Schmerz und kein Leid.

Vywamus, ich habe da noch eine Frage zu einem Begriff, der in der sogenannten Eso-Szene sehr gebräuchlich ist: zum Begriff SPIEGEL. Damit sind auch viele Projektionen und Schuldgefühle verbunden, die dann im Sinne von Unvollkommenheit und Minderwertigkeit aktiviert werden.

Weißt du, die Menschen sind alle untereinander verbunden. Und jeder zeigt dem anderen etwas auf. Ausschlaggebend ist, inwieweit ein Muster bei dir präsent ist, das dir der andere zeigen kann. In dem Moment, wenn du keinen Resonanzboden dafür hast, wird es dich kaum berühren.

Ich hätte noch gerne, dass du uns einen Begriff erklärst, den sich die Menschen kaum erklären können: WAHRHEIT.

Dieser Begriff steht in engem Zusammenhang mit dem Meister in dir. Je mehr du deinen Meister entdeckst, desto mehr erkennst du die Bedeutung von Wahrheit. Denn jeder Mensch hat seinen individuellen Weg, diese Wahrheit zu entdecken. Es ist eine Sache des Bewusstseins. Inwieweit bin ich bereit, eine Konfrontation mit mir selbst einzugehen? Denn was dabei herauskommt, ist Wahrheit. Jede Konfrontation, die ich eingehe, ist ein Schritt näher zu meinem Meister, zu meiner Wahrheit. Wahrheit sehe ich auch in enger Verbindung mit Wahrnehmung. Deshalb unterscheiden sich bei den Menschen die Wahrheiten manchmal ganz grandios. Das ist, wie ich bereits sagte, eine Sache der Bewusstwerdung, des Bewusst-Seins. Wahrheit kann nie im Außen gefunden werden, immer nur in sich selbst.

Gibt es so etwas wie »die« Wahrheit?

»Die« Wahrheit, so wie du sie jetzt meinst, würde ich im All-Eins-Sein sehen.

Einen Begriff hast du gerade vorweggenommen, und zwar die SELBSTKON-
FRONTATION. *Möchtest du dazu noch etwas sagen?*

Nun, es ist so, dass das Massenbewusstsein, alle Menschen auf diesem Planeten, mehr in die Selbstkonfrontation gehen sollten, was natürlich Ehrlichkeit bedingt. Es ist notwendig, sich selbst zu konfrontieren, um weiterzukommen. Um sich selbst besser kennen zu lernen. Diese Art der Konfrontation ist oftmals sehr schmerzhaft, aber auch sehr hilfreich.

Das heißt also, sich einfach begrenzende Sichtweisen einzugestehen?

Ja. Die Selbstkonfrontation ist nicht nur innerhalb der Spiritualität wichtig. Meines Erachtens ist die Selbstkonfrontation in erster Linie im Alltag wichtig. Denn der Mensch trennt automatisch den Alltag von seiner spirituellen Entwicklung, das sind zwei unterschiedliche Dinge. Und das tut er, weil er glaubt, dass er seine Spiritualität, seine Wesenheit, also das, was er in seiner Gesamtheit ist, nicht im Alltag leben kann. Es ist so eine Annahme, die sagt: Ich kann die Selbstkonfrontation innerhalb meines spirituellen Weges wohl eingehen, aber ich bin nicht in der Lage, sie in meinem Alltag umzusetzen, einzusetzen und zu praktizieren.

Vywamus, was verstehst du unter POTENZIAL?

Unter Potenzial verstehe ich all die Möglichkeiten, die der Mensch in die jeweilige Inkarnation mitbringt. Das sind all die Fähigkeiten und Erfahrungen, die er sich in früheren Zeiten beigebracht hat und die in der Seele gespeichert sind. Und er hat die Möglichkeit, sie durch den bewussten Kontakt zur Seele wieder abzurufen, um sie für seine spezielle Aufgabe in der jeweiligen Inkarnation einzusetzen.

Der nächste Begriff, zu dem ich dich befragen möchte, ist REALITÄT.

Realität ist das, was wirklich umgesetzt wird. Zum Beispiel ein Gedanke in die Tat. Die Realitäten der Menschen sind sehr unterschiedlich, und jeder schafft sich seine Realität aufgrund seiner Vorstellungen und Gedanken.

Wie siehst du EHRLICHKEIT?

Ich sagte bereits, dass es wichtig ist, innerhalb der Selbstkonfrontation ehrlich zu sich selbst zu sein. Für mich bedeutet es, dass ich zufrieden bin mit dem, was ich tue. Dass ich weiß, dass das mir und den anderen nützlich ist. Dass ich niemandem einen Schaden zufüge. Dass ich versuche, in Harmonie und Frieden mit allem zu leben, was hier auf diesem Planeten existiert. Ehrlichkeit sehe ich auch darin, Ja zu meiner gesamten Wesenheit zu sagen.

Vywamus, der nächste Begriff, zu dem wir dich befragen möchten, ist VERANTWORTUNG.

Das ist ein Bereich, in den die Menschheit wieder mehr und mehr hineinwächst. Im Laufe der Entwicklung haben die Menschen immer wieder die Verantwortung an höhere Instanzen abgegeben. Nun wird ihnen durch die Energie des 1. Strahles die Verantwortung wieder zurückgegeben. Das bedeutet, dass sie eigenverantwortlich handeln sollen. Dass sie die Verantwortung für ihr Denken, Fühlen und Tun übernehmen. Das bereitet vielen Menschen Schwierigkeiten, weil sie es gewohnt sind, ihre Verantwortung abzugeben. Ihr seht selbst, dass sich innerhalb des Massenbewusstseins diesbezüglich sehr viel verändert. Die erste Strahlqualität bringt alles an den Tag, was keine Basis besitzt. Und so ist es eigentlich logisch, dass die Verantwortung, die abgegeben wurde, der Gesamtheit jetzt bewusst wird. Ich selbst würde es als Vorteil für die Menschheit bezeichnen, wenn sie wieder die Verantwortung für sich selbst übernehmen würde. Jeder Einzelne für sich. Das möchte ich zur Verantwortung sagen.

Der nächste Begriff ist GELD.

Geld und Verantwortung ist eine gute Kombination. Der Mensch hat von Geld eine total falsche Vorstellung. Er macht sich davon abhängig und schiebt die Verantwortung, aber auch die Schuld für alles Mögliche denjenigen zu, die sehr viel Geld haben und denen nachgesagt wird, dass sie auch die Macht über das Geld besitzen. Geld ist eine göttliche Energie, die dazu erfunden wurde, einen Austausch von Energien in Form von Leistung zu gewährleisten. Je nachdem, welche Beziehung ich zu Geld habe, wird es mir gut oder schlecht mit diesem Mittel gehen. Durch den Umstand, dass die meisten Menschen glauben, dass Geld negativ besetzt sei, geben sie dieser Energie die Möglichkeit, dass sie eigenständig handelt. In dem Moment, wenn ich mir klar darüber bin, dass Geld eine göttliche Energie ist, die ich zu meinem Zweck einsetzen kann, wird das Missverhältnis dem Geld gegenüber wieder ins Lot kommen. Auch in diesem Bereich wirkt sich die Energie des 1. Strahles aus. Auch hier wird sich viel verändern. Habt ihr dazu noch eine Frage?

Könntest du den Menschen einen Hinweis geben, wie sie ihr gesamtes Geldsystem besser ordnen könnten?

Weißt du, sie sind momentan dabei, zu ordnen. Auf dem gesamten Planeten verändert sich in Bezug auf Geld alles. Das, was oben war, wird unten sein, und umgekehrt. Es muss ein gemeinsamer Nenner gefunden werden. Ich weiß, dass dieser Prozess vielen Menschen Schmerzen bereitet oder bereiten wird. Aber trotzdem wird es so geschehen.

Ich möchte dich jetzt zum Begriff EHRGEIZ befragen.

Diese Energie kann, wie so vieles, beidseitig eingesetzt werden. Bei den meisten Menschen wird der Ehrgeiz dazu verwendet, sich selbst zu bereichern und ihr Ego zu stärken. Ich selbst sehe Ehrgeiz nicht als negativ. Ausschlaggebend ist, wofür ich ihn einsetze.

Wie siehst du den SCHMERZ?

Zum Begriff »Schmerz« habe ich sofort eine Verbindung zu LERNEN. Denn der Mensch erinnert sich meist nur an Dinge, die ihm wehgetan haben. Davor hat er Angst und versucht den Schmerz zu umgehen, weil er die Lernaufgabe dahinter nicht erkennt. Schmerz ist unter anderem auch etwas, was mich an die Vergangenheit erinnert und an sie bindet. Lernen muss nicht zwangsläufig Schmerzen bedeuten. Wenn ein Schmerz tief in mir ist, und ich in der Lage bin, die Ursache und die Lernaufgabe dieses Schmerzes zu erkennen und zu transformieren, wird er nicht mehr auf mich zukommen.

Was hältst du von STRAFE?

Nichts.

Kannst du uns dazu etwas mehr sagen?

Wann wird Strafe eingesetzt? Meist doch dann, wenn ein Mensch etwas tut, von dem die Gesellschaft glaubt, dass es nicht richtig ist. Aber wer setzt die Prioritäten? Wer sagt, was gut und schlecht ist? Das sind schlussendlich wieder die Menschen. Strafe basiert meines Erachtens auf einem Missverhältnis von Ursache und Wirkung. Zudem wird Strafe eingesetzt, um seine eigene Autorität auszubauen. Um andere zu unterdrücken, ihren Willen zu brechen. In dem Moment, wenn ich Strafe einsetzen muss, fehlt mir die übergeordnete Sicht und das Einfühlungsvermögen anderen Lebewesen gegenüber.

Ich möchte dich dann gleich nach einem Begriff fragen, der mit Strafe sehr eng zusammenhängt, nach dem GESETZ.

Gesetze sind auf diesem Planeten wichtig. Der Mensch hat die Gesetze erschaffen, um in Ordnung und Harmonie leben zu können. Das war die Motivation, warum sie überhaupt entstanden sind. Aber die Gesetze, die die Menschen gemacht haben, sind meines Erachtens etwas entfernt vom Menschsein. Es wäre notwendig, die Gesetze neu zu gestalten und ihre Basis zu verändern. Die Basis sollte Verständnis sein. Außerdem bin ich der Meinung, dass die Gesetze im Jetzt weitaus mehr den Obrigkeiten als der breiten Masse dienen. Das hängt wiederum damit zusammen, dass viele Menschen die Verantwortung anderen übertragen haben, die damit tun und lassen können, was sie wollen. Es ist ein eingespieltes System, das im Zusammenbruch ist.

Ich möchte dich als Nächstes zum Begriff REUE befragen.

»Reue« – das ist ein guter Begriff. Dieses Wort, diese Energie, wurde von einer gewissen Minderheit von Menschen benutzt, um andere, die breite Masse, zu unterdrücken. Um sie in ihre Schranken zu weisen, als minderwertig und schlecht abzustempeln. Reue und Verzeihen ist etwas, was zusammengehört. Wobei das Verzeihen meist aus dem Herzen kommt, aber die Reue aus dem Kopf. Reue ist etwas, das aus Angst vor Strafe entsteht. Wenn du nicht bereust, dann wirst du bestraft, dann wirst du erniedrigt. Die meisten Menschen empfinden Reue als etwas, das sie demütigt, nicht befreit. Verzeihen ist eine Befreiung.

Wie siehst du den Begriff DEMUT?

In Verbindung mit REUE sehe ich ihn als demütigend. Der wahre Ursprung dieses Wortes ist »Mut«. Der Mut, zu sich selbst zu stehen, seine Wesenheit zu akzeptieren und zu leben, ohne Angst haben zu müssen, etwas Falsches zu tun oder zu sagen, das dann von der Gesellschaft herabgesetzt wird. Demut ist etwas, das sehr viel mit Mut zu tun hat. Nur wird es meist als genau das Gegenteil ausgelegt.

Im Zusammenhang mit den Begriffen Strafe, Gesetz und so weiter habe ich noch einen Begriff, zu dem ich dich befragen möchte: zu URTEIL

Urteilen – weißt du, das gehört zu eurem Wertungssystem. Man verurteilt in seinen Gedanken ständig, aber auch in den Taten. Es ist ein Bestandteil der Polarität, etwas, das nur innerhalb der Polarität existieren kann, weil du immer wieder mit Gut und Böse, mit der Wertung konfrontiert wirst. Nun gibt es zwei Möglichkeiten des Urteilens. Zum einen das Urteil, das rein nach den Gesetzen funktioniert und sehr stark mit dem Ego in Verbindung zu bringen ist. Dann gibt es noch ein anderes Urteilen, das sozusagen auf einer höheren Bewusstseinsstufe geschieht. Dieses Urteilen auf einer höheren Bewusstseinsstufe steht in Verbindung mit Menschsein und Liebe und wird deshalb anders und nicht so hart ausfallen wie ein Urteil, das auf dem Ego basiert. Wenn ich sage, dass ein Urteil auf einer anderen Bewusstseinsstufe entsteht, dann meine ich damit, dass von diesem Standpunkt aus beide Seiten beleuchtet werden. Dass man versucht, das Urteil zu überwinden. Wenn die Menschheit in der Lage wäre, nach den kosmischen Gesetzmäßigkeiten, wie zum Beispiel dem Gesetz von Geben und Nehmen oder dem Gesetz von Ursache und Wirkung zu leben und in ihren Bestandteilen zu erkennen, dann wäre es nicht notwendig, dass es Gesetze und Urteile auf diesem Planeten gibt. Denn dann würde ein Miteinander entstehen, und das Gegeneinander könnte wegfallen.

Weil wir gerade bei den Gesetzen sind – könntest du uns etwas zu den NATURGESETZEN sagen?

Was möchtest du speziell wissen?

Wie unterscheiden sie sich von den Gesetzen, die die Menschen gemacht haben?

Nun, das ist ganz einfach: Die Naturgesetze arbeiten Hand in Hand mit der Quelle. Sie versuchen nicht nach ihrem Gutdünken zu beeinflussen. Sie leben bewusst im Jetzt. Die Natur versucht, eins mit dem Kosmos zu sein, mit allem, was ist. Der Mensch manipuliert dieses Einssein. Er selbst möchte bestimmen, was geschieht, und versucht die kosmischen Gesetze und die Naturgesetze zu manipulieren oder zu ignorieren.

Ich möchte dich nun nach etwas ganz anderem fragen, nach EKSTASE.

Was soll ich dazu sagen?

Was ist für dich EKSTASE?

Ekstase ist für mich, wenn ich voll und ganz in mir selbst und zugleich mit allem verbunden bin. Wenn ich mir meiner Göttlichkeit nicht nur bewusst, sondern von ihr erfüllt bin und sie auch lebe. Weißt du, ich bin der Meinung, dass es so viele unterschiedliche Erklärungen für Ekstase gibt, wie es Menschen gibt. Ich glaube, dass die Menschen die Art von Ekstase, wie ich sie sehe, nur sehr schwer erleben können, weil sie in die Polarität eingebunden sind.

Der nächste Begriff ist einer, den wahrscheinlich auch jeder Mensch anders sieht. Ich möchte gerne wissen: Wie siehst du SCHÖNHEIT?

Für mich ist alles, was ist, Schönheit. Denn alles beinhaltet die Quelle und ihre Energie. Und sie ist für mich die vollkommenste Schönheit. Ich lege keinen Wert auf physische Schönheit. Ich sehe immer die Schönheit, die dahinter steht. Die Schönheit der wahren Wesenheit, die Schönheit und Einmaligkeit der Quelle, die durch alle Wesenheiten wirkt.

Könntest du uns noch den Begriff PLANETENLOGOS erklären?

Aber gern. Unter Planetenlogos versteht man eine riesengroße Wesenheit, die mit ihrer Energie einen Planeten speist und ihn in seiner Entwicklung unterstützt. Die Energie eines Planetenlogos durchdringt nicht nur den Planeten selbst, sondern alles, was auf ihm ist, und alle seine feinstofflichen Bereiche. Das sind meist Wesenheiten, die durch viele Lernprozesse gegangen sind und darauf vorbereitet wurden, eine solche Aufgabe zu übernehmen.

Vywamus, könntest du etwas zum Begriff SHAMBALLA sagen?

Es ist das spirituelle Zentrum der Erde. Für mich selbst sehe ich diesen Ort oder diese Energiekonzentration als den Mittelpunkt der Erde. Dort treffen viele Energien zusammen, um von dort aus wieder in bestimmte Gebiete der Erde und auch in ihre feinstofflichen Bereiche abgegeben zu werden.

Könntest du uns noch die Begriffe WEISSE MAGIE und SCHWARZE MAGIE näher erläutern?

Für den Menschen ist Magie die Kunst, mit Energien umzugehen. Je nachdem, wie die Motivation und das Bewusstsein des Menschen ist, wird er diese Energien positiv oder negativ einsetzen. Magie oder schwarze und weiße Magie ist für mich das Arbeiten mit Energien nach der jeweiligen Motivation, die dahintersteht.

Ich hätte von dir noch gern eine Erklärung zum Begriff TRAUM – Traum und Wirklichkeit.

Die Unterscheidung ist ganz einfach. In der Zeit, wenn du schläfst, hat deine Seele die Möglichkeit, dir durch einen Traum zum Beispiel etwas zu zeigen. Sie kann dir helfen, Blockierungen zu lösen, die momentan anstehen. Innerhalb dieser Zeit ist der Mensch mehr bereit, aus sich herauszugehen, andere Energien um sich zu akzeptieren. Im

Wachbewusstsein wird ihn sein Verstand blockieren und das nicht mehr zulassen. So sehe ich die Unterscheidung von Traum und Wirklichkeit.

Sind Träume immer Botschaften der Seele, oder gibt es hier auch Unterschiede?

Natürlich gibt es Unterschiede. Es besteht zum Beispiel die Möglichkeit, dass du während eines Traumes mit jemandem in Verbindung kommst, den du aus deiner jetzigen Inkarnation oder früheren Inkarnationen kennst und der dir etwas mitteilen möchte. Oder wo ein Verzeihen notwendig ist, damit du oder der andere sich weiterentwickeln kann. Zum anderen ist es so, dass du während des Traumes die Möglichkeit hast, mit deinen Schutzgeistern in Kontakt zu kommen, die dich umgeben. Oft wird der Traum dazu benutzt, den Menschen vor etwas zu warnen. Oder ihn zu ermutigen, eine Entscheidung zu treffen. Es gibt so viele Möglichkeiten, was du während des Traumes erleben kannst. Denn zu dieser Zeit haben andere Wesenheiten, die im Wachbewusstsein keine Chance haben, zu dir zu kommen, die Möglichkeit, einen Kontakt herzustellen.

Besteht auch die Möglichkeit, während des Schlafes in andere Dimensionen zu gehen, um dort zum Beispiel zu lernen?

Natürlich.

Könntest du das bitte näher erklären? Das ist sehr interessant.

Im Grunde genommen ist es sehr einfach. Meist ist es so, dass der Träumende von einem geistigen Wesen abgeholt wird. Er tritt aus seinem Körper aus, d. h. es ist sein Energiekörper, der mit dieser Wesenheit mitgeht. Manchmal sind mehrere feinstoffliche Körper daran beteiligt, aber das ist unterschiedlich. Er wird in andere Dimensionen des Lernens mitgenommen und von dort aus wieder zurückgebracht. In dieser Zeit ist er natürlich in ständiger Verbindung mit seinem physischen Körper.

Geschieht das häufig oder ist das die Ausnahme?

In der Jetztzeit geschieht es immer häufiger, weil sehr viele Wesenheiten da sind, die diese Möglichkeit des Lernens nutzen wollen. Je bewusster sie sich selbst sind, desto mehr erkennen sie, wo sie in diesem Traum gewesen sind und was sie gelernt haben. Auch hier ist es sehr nützlich, seine persönliche Wahrnehmung auszudehnen.

Wer entscheidet, dass ich einen anderen Ort des Lernens aufsuche während des Schlafes?

Du selbst. Es ist immer deine Entscheidung und richtet sich nach deinem Bewusstsein. Aber das macht noch kaum ein Mensch bewusst. Es geht von der Seelenebene aus. Du tust es nicht im Wachbewusstsein. Du entscheidest dich im Schlaf dafür. Denn in dem Moment hat die Seele mehr Möglichkeiten, dir diese Entscheidung näher zu bringen und dir die Vorteile dieser Entscheidung zu zeigen, was sie tagsüber nicht oder nur bedingt könnte.

Vywamus, zum Abschluss des Buches hätten wir gerne, dass du uns aus deiner Sicht das Schlagwort MASSENBEWUSSTSEIN *beschreibst.*

Massenbewusstsein ist nicht irgendetwas außerhalb von dir selbst. Du bist ein Teil des Massenbewusstseins und hast somit die Möglichkeit, es zu beeinflussen – je nachdem, welches Bewusstsein du selbst hast. Das, was jetzt an Veränderungen auf diesen Planeten kommt, beeinflusst das Massenbewusstsein. Das bedeutet, dass jedes Individuum, das hier lebt und ist, insofern beeinflusst wird, dass es seinem Seins-Prinzip mehr und mehr gerecht werden soll. Das bedeutet, dass das Massenbewusstsein, dass jeder Mensch, der hier lebt, jede Wesenheit mit ihrem Seins-Prinzip, mit dem Ursprung, aus dem alles entstanden ist, der göttliche Teil in jedem Selbst, angesprochen wird. Das wird große, tumultartige Veränderungen bei euch zustande bringen. Bei manchen wird es sich in Form von Krankheit zeigen, bei anderen in Form von Traurigkeit, und bei einigen auch in Form von Freude. Viele Menschen wissen um diese Veränderungen im energetischen Bereich, doch die wenigsten sind sich bewusst, wie tief und einschneidend diese Erlebnisse sind. Die Menschheit stand bereits mehrmals vor diesem einschneidenden Erlebnis. Jetzt ist der Zeitpunkt gekommen, nicht zurückzuschauen, sondern im Jetzt zu sein. Das zu leben, was man wirklich ist, und endlich seine Maske fallen zu lassen. Es ist an der Zeit, in den Spiegel zu schauen, klar und deutlich zu sehen: Wo stehe ich? Was ist mein Ziel? Was tue ich für mich selbst? Inwieweit bin ich der Sklave dieses Landes, dieser Familie oder der Roboter meiner Muster? All dies wird auf euch zukommen, und ihr werdet euch dessen bewusst sein, dass es so, wie es jetzt in diesem Moment ist, nicht optimal ist. Dass sich vieles verändern muss, dass ihr wieder zu eurem Mensch-Sein zurückkehrt, dass keiner sich abtrennt vom Ganzen, dass jeder ein Stück dessen ist, was hier lebt und wirkt – ob es ein Baum ist, ein Mensch, ein Tier oder vielleicht dieser Stein, der achtlos zur Seite gestoßen wird.

Jeder von euch sollte sich darüber Gedanken machen, dass alles aus Einem entstanden ist, dass alles vom göttlichen Prinzip durchdrungen ist. Solange der Mensch sich dagegen wehrt und immer wieder auf seiner Vorrangstellung als »Krönung der Schöpfung« insistiert, wird es sich nicht ändern – im Gegenteil, dann steuert ihr geradewegs ins Chaos. Viele von euch befinden sich bereits im Chaos, haben sich in alle möglichen Muster verstrickt, die sie meist von anderen übernommen haben. Doch keiner hat sich selbst gefragt: Wie stehe ich zu dem Ganzen? Ist es wirklich meine eigene Meinung? Bin ich das, oder werde ich beeinflusst?

Zu diesem Zeitpunkt, jetzt in diesem Moment, möchte ich dich, lie-

ber Leser, bitten, in dich zu gehen und dein Leben Revue passieren zu lassen. Schau dir selbst an, und sei ehrlich zu dir: Wann, mein lieber Freund, warst du du selbst? Und wann bist du beeinflusst worden?
Im Grunde genommen beginnt diese Beeinflussung bereits im ersten Moment, wenn du hier auf der Erde landest und dein Leben anschaust. Du kommst in alle möglichen Institutionen, wirst in der Schule auf Intellekt getrimmt, wobei das Gefühl, das so wichtig wäre, vergessen wird. Auch später im Berufsleben und in der Familie zählen immer andere Werte als das Mensch-Sein. Es zählen Werte, die von euch Menschen geschaffen wurden. Jeder ist bestrebt, mehr Macht und Reichtum zu besitzen. Jeder will seinen Wohlstand. Wobei dies gerecht ist, doch um welchen Preis? Der Kosmos und die Erde – sie halten alles für den Menschen bereit. Doch das reicht dem Menschen noch nicht, er will mehr und mehr. Und das nur aus dem Grund, weil er sich von seinem wahren Seins-Prinzip entfernt hat. Weil er nicht mehr mit der Natur, sondern gegen die Natur lebt. Aus diesem Grund ist das Chaos nicht mehr fern, und im Grunde eures Herzens wisst ihr das alle.
Im Grunde genommen wartet ihr darauf, dass einer kommt, der euch diese Verantwortung abnimmt. Sei es nun Jesus, auf den die Katholiken warten, oder ein großer politischer Führer – wer auch immer. Warum denkt ihr nicht daran, selbst diese Verantwortung zu übernehmen? Warum schiebt ihr diese Verantwortung weg von euch? Nun, ich will euch das sagen: Ihr habt euch daran gewöhnt. Es ist die bequemste Art und Weise, Sklave von allen möglichen Dingen zu sein.
Warum wollt ihr euch nicht befreien? Warum wollt ihr nicht ihr selbst sein und selbst entscheiden, wie euer Leben verlaufen wird? Warum sollen andere das tun? Erkennt ihr denn nicht, dass ihr andauernd aus gewissen Mechanismen heraus reagiert? Seht ihr nicht, inwieweit ihr beeinflusst seid? Wie klein ihr euch gemacht habt, obwohl ihr den göttlichen Funken in euch tragt? Ihr seid Gott. Ihr seid das Prinzip der Liebe – und lehnt es ab. Warum wollt ihr diese Verantwortung

nicht? Weil ihr nicht wisst, wie schön Liebe ist! Ihr kennt nur einen kleinen Teil davon und glaubt fest daran, dass dies alles sei. Der andere Teil der Liebe ist Gott vorbehalten, aber nicht euch. Seht, wie ihr euch von eurer Seele und von Gott abtrennt! Erkennt endlich euren wahren Sinn und Zweck! Werdet euch dessen bewusst, was ihr seid, und euer Leid wird ein Ende haben. All das, was euch jetzt bedrückt, wird vorbei sein. Es gibt so viel Schönes in eurem Leben – aber vor lauter Stress und Hektik wird übersehen, wie schön Liebe ist!

Gier, Macht und Angst haben euch dorthin gebracht, wo ihr jetzt seid. Nun liegt es an euch, das zu revidieren und dorthin zu gehen, wo ihr wirklich hingehört. Schaut, ihr nehmt euch das Recht, über andere zu urteilen. Ihr glaubt, besser zu sein, schöner zu sein, intelligenter zu sein als andere Wesenheiten, die hier auf der Erde existieren. Woher nehmt ihr dieses Recht? Wer hat es euch gegeben? Eure Wissenschaftler? Eure Professoren? Wer auch immer. Ihr glaubt blindlings, was euch gesagt wird, und wartet schon sensationslüstern auf neue Nachrichten, die euch über Satelliten vermittelt werden. Doch schaut euch nur einmal die Insekten an, wie intelligent sie sind, welche Ordnung sie beherrscht. Das Tierreich und das Pflanzenreich unterstehen direkt der Quelle. Und ebenso reagieren sie. Sie sind keineswegs nur instinktive Wesenheiten, im Gegenteil. Sie haben Gefühle und Gedanken, sie folgen Impulsen, die euch bisher verborgen geblieben sind.

Nehmt nur einmal als Beispiel ein Erdbeben. Wie viele Tiere wissen vorher, dass die Erde beben wird, um sich Luft zu machen? Und sie nehmen ihre Kinder und gehen aus diesem Bereich weg. Lange, bevor ihr Menschen dies wirklich erkennt. Woher, glaubt ihr, haben sie ihr Wissen? Warum nehmt ihr euch immer wieder heraus, die Krönung der Schöpfung zu sein, ohne zu sehen, was die Krönung wirklich ist? Warum glaubt ihr, dass es nach eurem Gutdünken weitergehen wird? Warum wollt ihr euch nicht mit den Tieren, mit den Pflanzen solidarisch erklären? Warum wendet ihr euch von der Natur ab, die alles in sich birgt? Dorthin, meine lieben Freunde, müsst ihr wieder zurück!

Dorthin, wo ihr schon einmal gewesen seid. Wo die Kommunikation zwischen allen Reichen funktioniert hat.

Jeder von euch kann davon profitieren und lernen, doch es liegt daran, inwieweit er sich öffnet, inwieweit er von seiner Arroganz und seinen Vorstellungen loslassen kann. Denn das ist der springende Punkt, um den ihr immer wieder kreisen werdet. Ihr werdet immer wieder damit konfrontiert, dass ihr in gewissen Dingen einfach machtlos seid, dass andere da sind, die wesentlich mehr Macht hätten, doch die anderen – ich spreche hier von den Elementen der Natur – nutzen ihre Macht nicht aus.

Aber wie würde es sein, hätte der Mensch die Macht, wäre ihm bewusst, was er durch seine Gedankenkraft tun kann? Wie würde es dann hier auf diesem Planeten aussehen? Ich kann es euch sagen: Es wäre eine einzige Verwüstung und ein Chaos. Denn jeder möchte gerne sein Recht haben. Jeder würde darauf pochen, der Größte und der Stärkste zu sein, würde andere unterjochen und versklaven – noch schlimmer, als es momentan ist. Denn im Grunde genommen ist es doch so, dass ihr Sklaven seid – nur wird es euch nicht bewusst. Ihr habt überhaupt nicht die Möglichkeit zu sehen, wo ihr steht, inwieweit ihr euch unterjocht, inwieweit ihr euch versklaven lasst. Und ich kann euch auch sagen, warum: Weil ihr einfach zu bequem seid. Weil keiner von euch aus seinen alten Gewohnheiten raus möchte. Weil es jeder von euch im Grunde genommen doch so schön hat. Wobei die Unzufriedenheit euer ständiger Begleiter ist.

Wie wäre es, wenn du, mein lieber Freund, jetzt in diesem Moment, die Verantwortung für dein Leben übernehmen würdest? Schmeiß doch einfach alles über Bord, was dich an die Vergangenheit bindet, was dich zum Sklaven werden lässt! Nimm es und schmeiß es über Bord! Und du wirst sehen, dass du das erste Mal in deinem Leben vollkommen frei sein wirst. Dass du siehst, dass es auch anders geht. Und es ist gar nicht so schwierig, diesen Schritt zu unternehmen. All das, was an Leid und Schmerz und Traurigkeit und Unzufriedenheit in dir wohnt, ist ein Produkt deiner selbst. Du hast es geschaffen, weil du diese Überzeugung hattest, so sein zu müssen. Und andere in deinem Umfeld haben dich in deiner Überzeugung bestärkt. Und so bist du mehr und mehr in dieses Dilemma hineingeraten. Nun liegt es an dir, wieder herauszukommen. Du kannst es von einem Moment zum anderen. Die Entscheidung ist wichtig. Du musst dieses Ja in deinem Herzen fühlen. Ein Ja zu dir selbst und deinem Wesenskern, zu deinem göttlichen Prinzip. Und in diesem Moment wird sich viel entscheiden. Dein weiteres Leben, dein Weg, alles, was du bist, wird sich verändern. Doch dieses Ja ist notwendig und bedingt dein Ziel und deine Möglichkeit. Es gibt nichts, was dich einschränken könnte, außer du selbst.

Das, was auf jeden von euch wartet, ist ein Prinzip der Liebe, das noch keiner von euch wirklich und wahrhaftig in sich gespürt hat. Aber die Sehnsucht danach ist riesig. Jeder möchte es haben, jeder will von diesem Glück, von dieser Liebe eine Scheibe haben. Doch bisher habt ihr nur ein Staubkorn dieser Scheibe. Könnt ihr euch vorstellen, wie groß es ist, mit dieser Liebe zu leben? Ein ganz anderes Gefühl von Leben und Sein wird jeden von euch in dem Moment durchdringen, wenn er sich dafür entscheidet.

Ich, Vywamus, und viele Lehrer und Wesenheiten sind ständig bemüht, euch dies näher zu bringen. Bei manchen von euch fruchten meine Lehren oder auch die der anderen Lehrer. Doch bei anderen stoße ich auf große Widerstände, weil sie schlicht und ergreifend an ihren begrenzenden Mustern und Vorstellungen festhalten. Weil sie weiterhin aus Bequemlichkeit als Sklaven dienen wollen – wobei jeder sich beschwert und nach Freiheit ruft, sei es nun der Einzelne oder ein ganzes Volk. Das eine bedingt jedoch das andere; wer wirklich in Freiheit leben und das Prinzip der Liebe verkörpern will, muss bereit sein, seine Bequemlichkeit und seine Begrenzungen zu opfern.

Vywamus, wir danken dir recht herzlich für dieses außergewöhnliche Interview.

Die Pattern-Methode

Pattern sind destruktive Muster und Vorstellungen in euch Menschen. Anhand der Pattern-Entfernungs-Methode möchte ich euch die Möglichkeit geben, bewusst an diesen Mustern heilend zu arbeiten. Ihr könnt hierfür vorgegebene Pattern benutzen, aber auch selbst Pattern formulieren, indem ihr eure Verhaltensweisen betrachtet und euch daraus Pattern formt, um sie aufzulösen.

Diese Muster sind meist aus früheren Inkarnationen übernommen worden und hindern euch daran, zu euch selbst zu stehen. Der Mensch handelt immer wieder nach solchen Mustern, auch wenn er sich mehrmals vornimmt: In der nächsten Situation werde ich ganz anders reagieren. Doch in dem Moment, wenn die Gegebenheiten wieder die gleichen sind, tritt dieses Muster in Kraft und die Handlung wird wieder dieselbe sein. Die Pattern sind in den feinstofflichen Bereichen, aber auch in den Zellen des physischen Körpers gespeichert.

Ich werde euch jetzt kurz die Methode der Auflösung erklären. Sie erscheint sehr einfach, ist aber von der Bedeutung her sehr tiefsinnig und greift in viele Schichten eures Seins ein, um die Muster zu heilen.

Die Auflösungs-Methode funktioniert folgendermaßen: Ihr visualisiert ein gleichseitiges Dreieck. An der oberen Spitze des Dreiecks steht das Ziel, das ihr erreichen wollt. Rechts und links neben dem Dreieck formuliert ihr die Widerstände, die dagegen sprechen, dieses Ziel jemals zu erreichen.

Dann bekommt ihr von mir oder von eurer Seele spezifische Farben, die den Auflösungsprozess des Musters unterstützen.

Seht vor eurem geistigen Auge, wie das ganze Dreieck in jeder dieser Farben dreimal nacheinander aufleuchtet.

Dann visualisiert, wie aus dem Kosmos ein goldener Kanal herunterkommt, der über das Dreieck geht, es mitsamt den Sätzen einschließt und dann absaugt.

In diesem Moment ist eine Schicht des Musters aufgelöst.

Doch was geschieht mit der Energie, die abgesaugt wird? Nun, das geht folgendermaßen: Diese Energie, die vorher für euch destruktiv und bremsend war, wird in für euch brauchbare Energie umgewandelt und in dieser Form wieder an euch zurückgegeben.

Am wichtigsten ist es, wenn ihr Pattern löst, dass ihr intensiv mit dabei seid. Das bedeutet, dass ihr die Pattern und ihre Wirkung in euch bewusst verfolgt. Dass ihr in euch hineinfühlt, welche Bereiche in euch das jeweilige Muster anspricht. Ihr könnt dies noch durch eine bewusste Atmung unterstützen.

Das wäre von meiner Seite her alles, was ich zu Pattern sagen kann. Arbeitet selbst mit dieser Methode. Überzeugt euch, inwieweit sie für euch hilfreich ist.

Über 600 Pattern zu verschiedensten Lebensbereichen findest Du im 250-seitigen »Pattern-Katalog« des Blaubeerwald-Institutes (siehe Anhang).

Mir ist bewusst, dass ich freiwillig und freudig auf diesen Planeten gekommen bin.

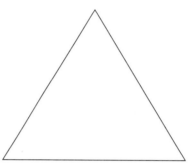

Das kann ich nicht glauben. Bin nicht zufrieden mit meinem Leben. Es gibt so vieles, was ich verändern möchte, bin aber nicht imstande dazu. Es fehlt mir so oft die Freude in meinem Leben.

Von wegen freiwillig. Fühle mich oft gezwungen, Dinge zu tun und zu sagen, die nicht meinem persönlichen Tun entsprechen. Fühle mich nicht wohl auf der Erde, nicht angenommen.

Blau – Violett – Grün

Ich öffne mich und bin bereit, all das, was mich meinem Mensch-Sein näher bringt, aufzunehmen.

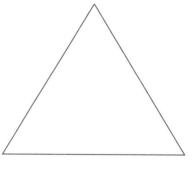

Wenn das so einfach wäre. Habe das Gefühl, dass dieser Prozess sehr viel mit Schmerz und Leid zu tun hat. Werde hier auf der Erde immer wieder gebremst in meiner Kreativität, meinem Dasein. Es ist so schwierig, mich zu öffnen.

Was heißt eigentlich Mensch-Sein? Ich glaube, dass ich diesen Begriff in seiner Bedeutung noch nicht richtig erfasst habe. Sehe nur einen kleinen Teil von Mensch-Sein, der mir gar nicht gefällt.

Orange – Violett – Grün

Ich fühle mich hier auf diesem Planeten willkommen und angenommen.

Davon kann keine Rede sein. Kann meinen Platz hier auf der Erde nicht finden. Fühle mich abgelehnt und fremd. Es ist so schwierig, mit dem Leben hier auf der Erde in Kontakt zu kommen. Sehe mich immer wieder in einer Außenseiterposition.

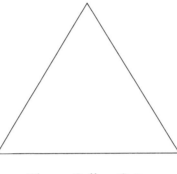

Blau – Gelb – Grün

Wie müsste das Willkommen denn aussehen? Habe bestimmte Vorstellungen von meinem Leben, dem Dasein, der Erde und der Menschheit, die nicht erfüllt werden. Meine Erwartungshaltung ist wahrscheinlich zu groß, um hier auf diesem Planeten willkommen und angenommen zu sein.

Ich brauche das Böse in mir nicht mehr zu suchen.

Das ist doch unmöglich. Sehe doch, dass ich immer wieder Fehler begehe, dass ich nicht gut genug bin. Etwas in mir muss böse sein – warum werde ich sonst andauernd vom Leben bestraft?

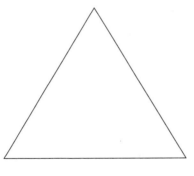

Rot – Violett – Gelb

Es gibt so viele Religionen, die immer wieder vom Bösen in den Menschen sprechen – also muss auch in mir etwas sein, das man als böse bezeichnet. Habe Angst, dass ich deshalb von Gott und meinen Mitmenschen abgelehnt werde, weil ich dieses Böse in mir noch nicht gefunden und nicht ausgelöscht habe.

Ich bin bereit, die Muster in mir zu konfrontieren, die mich immer wieder in Konkurrenz zu meinen Mitmenschen führen.

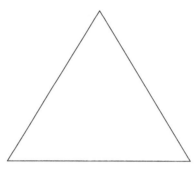

Blau – Türkis – Violett

Das möchte ich nicht. Es ist mir unangenehm. Bin nicht bereit, diese Konfrontation einzugehen. Wer weiß, was ich dadurch in mir wieder freisetze, mit was allem ich noch konfrontiert werde, wenn ich in diesen Bereich einsteige.

Das ist alles so einfach formuliert. Im Grunde genommen ist es sehr schwierig für mich, selbstehrlich dieses Muster zu konfrontieren. Weiß, dass sich in mir diesbezüglich einiges abspielt. Brauche noch mehr Zeit, in diesen Bereich einzusteigen.

Ich bin bereit, jeglichen Druck, der von mir selbst kommt und den ich von außen spüre, jetzt loszulassen.

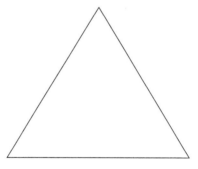

Orange – Violett – Gold

Wie soll das funktionieren? Bin doch eingebunden in dieses System. Kann mich davor nicht schützen, nicht ausschließen.

Spüre diesen Druck und versuche ihm gerecht zu werden, indem ich mich anpasse, indem ich die Wertmaßstäbe der Gesellschaft lebe. Fühle mich nicht wohl dabei, sehe aber auch keine Möglichkeit, daraus zu entfliehen.

Ich freue mich über die Möglichkeit des Lernens, die mir diese Inkarnation bringt.

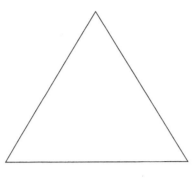

Blau – Orange – Gelb

Ich freu mich nicht über dieses Lernen, weil es immer wieder mit Schmerz und Leid verbunden ist. Es wäre mir weitaus angenehmer, wenn es leichter wäre, freudvoller wäre.

Lernen auf diese Art und Weise ist nicht das Richtige für mich. Kann nicht erkennen, dass ich selbst der Schöpfer meiner Möglichkeiten bin. Dass ich mir die Lernprozesse selbst aussuche. Es ist so schwierig, das zu glauben, denn wenn es so wäre, dann würde ich mich ja immer wieder selbst bestrafen.

Ich begrüße meinen physischen Körper als Ausdrucksmittel meiner Seele.

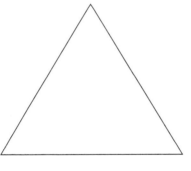

Weiß – Orange – Gold

Nun, das kann ich nicht immer. Manchmal liebe ich ihn, vergöttere ihn, finde ihn wunderbar. Doch andererseits kommt die Zeit, wo er eine Behinderung ist für mich, wo ich ihn nicht akzeptieren kann. Es gibt immer beide Seiten in mir.

Sehe meinen physischen Körper mehr als Begrenzung in Bezug auf meine spirituelle Entwicklung. Kann nicht glauben, dass er als Ausdrucksmittel meiner Seele dienen kann. Er ist so unvollkommen. Er reagiert nicht so, wie ich es gerne haben möchte.

Ich lasse den Glauben fallen, dass ich mich ständig für mein Ich entschuldigen muss.

Das kann ich nicht so einfach. Fühle mich danach. Werde hier mit Mustern der Minderwertigkeit konfrontiert, die aussagen, dass dieses Entschuldigen notwendig ist und mein Dasein rechtfertigt.

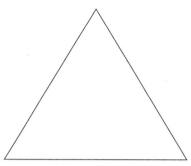

Bin es selbst leid, diese Entschuldigungen immer wieder auf mich nehmen zu müssen. Möchte mich befreien aus diesem Käfig. Will unbegrenzt sein. Möchte mich etablieren auf diesem Planeten und schaffe es nicht.

Rot – Violett – Orange

Ich konfrontiere die Schuldgefühle in mir und verwandle sie in Lebensfreude.

Das wäre zu schön, um wahr zu sein, das wäre genau das, was ich bräuchte. Möchte endlich diesen Druck loswerden. Will mich befreien.

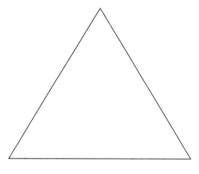

Wie kann ich Schuldgefühle in Lebensfreude verwandeln? Kann mir nicht vorstellen, dass diese Pattern-Methode mir wirklich dabei helfen kann. Glaube nicht, dass es so funktioniert. Bin misstrauisch. Trage diese Schuldgefühle schon so lange mit mir herum, glaube nicht, dass sie jetzt durch diesen Pattern gelöst sind.

Orange – Türkis – Blau

Ich lasse den Glauben fallen, dass ich Freude und Glück nicht leben kann, weil sich dahinter meist ein nächster Schicksalsschlag verbirgt.

Bisher ist mein Leben so verlaufen. Sehe doch, dass jede Ausdehnung in mir sofort eine Begrenzung im Außen findet.

Kann nicht so leben und sein, wie ich das möchte. Bin immer eingebunden in ein System, das mich beengt und begrenzt, aus dem ich mich befreien will. Aber immer dann, wenn ich Freude und Befreiung in mir spüre, droht der nächste Rückschlag.

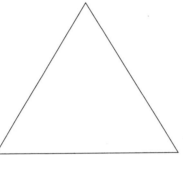

Grün – Orange – Gelb

Ich bin bereit, alle destruktiven Gedanken, die sich auf mich und mein Leben beziehen, jetzt gehen zu lassen.

Ich könnte doch Fehler begehen. Der Konflikt in mir sagt aus: Wer weiß, ob du in diesem Moment das Richtige tust, es könnte doch auch eine andere Möglichkeit besser sein.

Habe keine Macht über meine Gedanken. Sie kommen und gehen, wann es ihnen gefällt. Sehe keine Möglichkeit, hier einzugreifen.

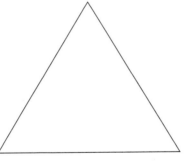

Grün – Orange – Gold

**Ich konfrontiere die Muster, die es mir nicht erlauben,
in Frieden, Glück und Reichtum hier auf diesem Planeten zu leben.**

Das steht mir anscheinend nicht zu. Werde immer wieder mit Hochs und Tiefs konfrontiert. Kann nicht auf einem gleich bleibenden Level leben.

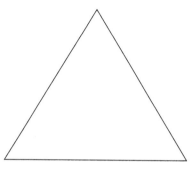

Blau – Grün – Gold

Reichtum passt nicht zu Spiritualität – das verdirbt nur den Charakter und lenkt den Menschen von seiner wahren Wesenheit und Aufgabe ab. Kann deshalb nicht im Überfluss existieren. Muss immer wieder arm sein, um meine Spiritualität leben zu können. Es gab so viele Heilige, die mir das vorgelebt haben.

Ich lasse den Glauben fallen, dass Geld die Wurzel allen Übels ist.

Ich brauche mich nur hier auf diesem Planeten umzusehen, und dann sehe ich, dass es so ist. Dass Geld nur für Machtzwecke eingesetzt wird, oder um seine Macht auszubauen, andere zu unterdrücken.

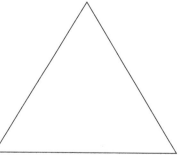

Grün – Orange – Gold

Mit Geld wird so wenig Gutes geschehen. Geld ist für mich besetzt mit Angst, mit Autorität und Zwang.

Ich lasse den Glauben fallen, dass Geld und Spiritualität nicht zusammenpassen.

Es ist so schwierig, diese beiden Dinge zu vereinen. Habe bestimmte Vorstellungen vom Geld und von der Spiritualität. Es ist unmöglich, diese beiden Dinge auf einen Nenner zu bringen. Zu viel spricht dagegen.

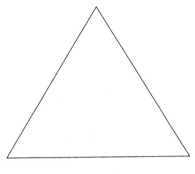

Orange – Türkis – Weiß

Glaube nicht, dass Reichtum glücklich macht, dass Reichtum mir behilflich sein kann, meinen wahren Wert, meine Aufgabe, meine Wesenheit zu finden. Habe eher das Gefühl, dass dadurch alles zerstört wird, dass ich mich dann von meiner wahren Bestimmung ablenken lasse.

Ich bin es wert, in Reichtum zu leben.

Dieses Ziel erzeugt sofort Schuldgefühle in mir. Darf mich nicht bereichern. Muss bescheiden sein. Wenn ich nicht bescheiden bin, werde ich auch in meiner spirituellen Entwicklung nicht weiterkommen. Kann diese zwanghaften Vorstellungen in mir nicht beseitigen.

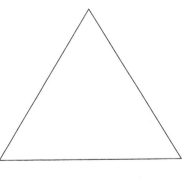

Weiß – Türkis – Violett

Werde immer wieder damit konfrontiert, dass diese beiden Energien nicht zueinander finden. Dass sie sich bekämpfen, dass sie nicht zueinander passen. Kann nicht erkennen, dass es hier um meinen persönlichen Wert geht, und dass ich mir diesen Wert selbst abschreibe.

Ich genieße das Leben hier auf diesen Planeten.

Das würde ich zu gerne. Aber es funktioniert nicht. Es gibt so vieles, was mich immer wieder erschüttert, was mich deprimiert, mir die Freude nimmt.

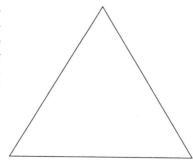

Rot – Orange – Gelb

In meinem Leben hat die Arbeit die Oberhand. Ich muss funktionieren. Freude hat in meinem Dasein nur einen bedingten Rahmen. Muss zuerst meine Pflichten erfüllen. Kann deshalb mein Leben nicht genießen. Bin in ein System eingebunden, das sehr eng und begrenzt ist, und aus dem ich mich nur sehr schwer befreien kann.

Mein Dasein ist voller Dynamik und voller Leben.

Das könnte ich nicht sagen. Bin viel zu oft einsam, fühle mich unverstanden, nicht angenommen. Kann mich nicht als wertvollen Teil dieser Gesellschaft bezeichnen.

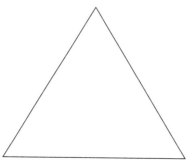

Blau – Grün – Gelb

Habe viel zu wenig Abwechslung. Es ist alles zu eintönig, zu eingefahren. Mir fehlt Dynamik in meinem Leben, dass sich etwas verändert, etwas geschieht.

Ich werde mein Leben aus eigener Kraft verändern.

Das versuche ich doch schon so lange. Die Veränderungen, die mir gelingen, sind so minimal, dass sie mir selbst oftmals gar nicht auffallen. Jede Veränderung bereitet mir Angst.

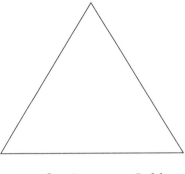

Weiß – Orange – Gold

Wie werden die anderen darauf reagieren, wenn ich mein Leben verändere? Werde ich dann noch akzeptiert? Bin ich dann willkommen oder nicht? Es gibt so viele Komponenten, die ich beachten muss, wenn ich mein Leben verändern möchte. Bin ich dazu überhaupt in der Lage?

Ich bringe Frieden und Harmonie in mein Leben.

Das habe ich doch schon so oft versucht. Finde weder den Frieden in mir noch außerhalb. Es ist so schwierig, diesen Weg zu beschreiten.

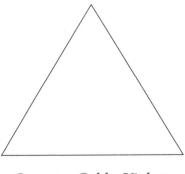

Orange – Gold – Violett

Um mich herum sind Chaos, Streitigkeiten, Hass, Neid. All das begegnet mir immer wieder in meinem Alltag und zerstört den kleinen Funken von Friede und Harmonie in mir, den ich bisher erreicht habe. Es ist so schwierig, immer wieder von vorne zu beginnen, immer wieder Friede und Harmonie in mir selbst zu erzeugen.

**Ich konfrontiere meine Ängste,
um sie in für mich brauchbare Energie umzuwandeln.**

Das kann und will ich nicht. Bin nicht bereit, mich auf diese Gebiete einzulassen. Sie sind viel zu schmerzhaft und lähmen mich.

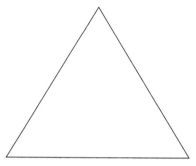

Es gibt so viele Ängste in mir. Glaube nicht, dass ich in der Lage bin, sie alle in für mich brauchbare Energie umzuformen.

Orange – Türkis – Rot

**Ich erweitere meine Wahrnehmung,
damit ich die Ursachen bestimmter Ängste erkennen und auflösen kann.**

Wie könnte ich das tun? Sehe hier keine Möglichkeit. Kann meine Wahrnehmung doch nicht so ausdehnen. Bin noch nicht in der Lage dazu.

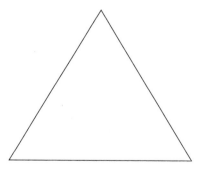

Was hilft es mir, wenn ich die Ursache dieser Ängste erkenne? Wer garantiert mir, dass ich sie dann auch auflösen kann? Werde mit diesen Energien konfrontiert, die dann wie eine Mauer vor mir stehen, und ich sehe keine Möglichkeit, diese Mauer zu beseitigen, geschweige denn umzuwandeln.

Blau – Grün – Violett

Ich lasse die Angst allem Unbekannten gegenüber jetzt los.

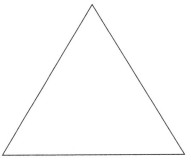

Das ist unmöglich. Bin dazu nicht in der Lage. Muss allem Unbekannten gegenüber vorsichtig sein.

Bin viel zu misstrauisch. Lasse mich nicht auf Bereiche ein, die ich nicht kenne. Finde, dass diese Angst berechtigt ist, weil sie ein Schutz für mich ist.

Grün – Orange – Türkis

Ich bin bereit, meine Existenzängste loszulassen.

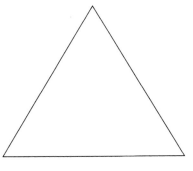

Das kann ich erst, wenn mein Leben, diese Welt, in anderen Bahnen verläuft. Muss Angst vor meiner Zukunft, vor der Existenz hier auf der Erde haben. Denn es geschieht so viel, was destruktiv und zerstörend ist.

Diese Grundangst ist tief in mir verankert. Sehe keine Möglichkeit, sie zu konfrontieren, um eine Transformation anzustreben. Es spricht so viel dagegen. Mein Umfeld zwingt mich in diese Existenzängste.

Grün – Gelb – Rot

Ich konfrontiere die Angst vor der Zukunft und lasse sie los.

Das geht nicht. Es geschieht viel zu viel, was diese Angst verstärkt. Sehe keine Möglichkeit, sie loszuwerden. Die Medien sind voll mit apokalyptischen Aussagen, was die Zukunft betrifft.

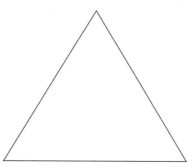

Braun – Türkis – Violett

Sehe doch, was hier auf diesem Planeten geschieht. Ich bin der Meinung, dass diese Angst berechtigt ist, doch sollte man aus dieser Angst etwas lernen, etwas bewältigen – nur, was kann ich als Einzelner schon bewirken?

Ich lasse die Angst los, immer wieder ausgenutzt zu werden, wenn ich jemandem mein Vertrauen schenke.

Das ist ein Übel, das in unserer Gesellschaft verankert ist. Jeder ist sich selbst der Nächste. Niemandem kann man Vertrauen schenken. Das ist ein Problem, das uns Menschen in eine Isolation führt. Denn Misstrauen ist das, was vorherrschend ist.

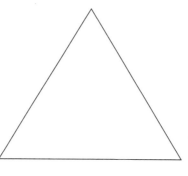

Orange – Gold – Violett

Niemand ist in der Lage, dem anderen zu vertrauen, geschweige denn, ihm Liebe zu geben. Diese Angst ist eine Angst, die im Massenbewusstsein verankert ist und uns alle betrifft. Jeder müsste dazu etwas beitragen, diese Angst aufzulösen. Doch sehe ich mich selbst einer Macht gegenüber, die eine Nummer zu groß ist für mich.

Ich lasse den Glauben fallen, dass ich gegenüber meinen Ängsten ohnmächtig bin.

Genauso fühle ich mich. Glaube nicht, dass ich in der Lage bin, aus dieser Ohnmacht herauszukommen, weil ich immer wieder mit meinen Ängsten konfrontiert werde.

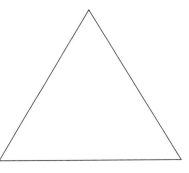

Orange – Gold – Weiß

Es ist so schwierig für mich, gegen meine Ängste anzugehen. Sie sind dermaßen präsent, dass ich nicht mehr in der Lage bin, aktiv etwas dagegen zu unternehmen. Es ist so schwierig für mich, aus dieser Ohnmacht herauszukommen.

Ich bin bereit, die Angst vor Entscheidungen, die mich immer wieder in einen Konflikt bringt, jetzt gehen zu lassen.

Bisher ist mein Leben so verlaufen. Sehe doch, dass jede Ausdehnung in mir sofort eine Begrenzung im Außen findet.

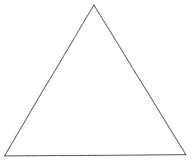

Braun – Türkis – Violett

Bin hin- und hergerissen. Weiß nicht, wofür ich mich entscheiden soll, was richtig ist für mich. Bin es gewohnt, immer andere zu fragen, die mich in meiner Entscheidung entweder bestärken oder das Gegenteil behaupten.

Ich lasse die Angst vor Menschen jetzt gehen.

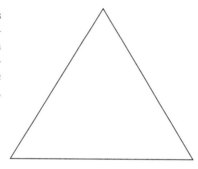

Das ist leichter gesagt als getan. Es ist eine spezifische Angst, die mich seit Anbeginn dieser Inkarnation begleitet. Die mich dazu veranlasst, Menschen zu meiden.

Erfahrungen aus früheren Inkarnationen zwingen mich dazu, mir diese Ängste anzuschauen. Mich zu konfrontieren mit dieser Angst in mir, die ich vor anderen Menschen habe, und mit der Frage, warum sie mir Angst machen.

Rot – Türkis – Weiß

Ich löse die Fesseln der Angst, die mich in meinem Ausdruck begrenzen.

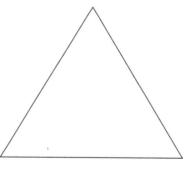

Wie soll das funktionieren? Fühle mich eingeengt, begrenzt von dieser Angst, die sich immer wieder ausbreitet und es mir nicht erlaubt, mich so auszudrücken, wie ich es gerne hätte.

Bin beherrscht von dieser Angst. Möchte so gerne meine Seele zum Ausdruck bringen. Will endlich ich sein und schaffe es nicht, da diese Fesseln mich dermaßen behindern in meinem Ausdruck. Sehe keine Möglichkeit, mich auszudehnen, frei zu sein.

Orange – Weiß – Gold

Ich akzeptiere die Erde als bewusste Wesenheit, die lebt und fühlt wie ich.

Das gelingt mir nicht. Habe keine Vorstellung von der Erde als Lebewesen. Sehe sie als Boden, den man nutzen kann, aber die Vorstellung, sie sei ein Lebewesen, ist sie viel zu weit entfernt von mir.

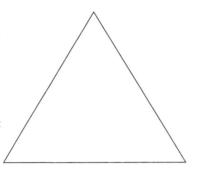

Blau – Türkis – Violett

Ich kann mir das einfach nicht vorstellen, dass die Erde eine Wesenheit sein soll, die lebt und fühlt wie ich. Sie ist doch gigantisch groß. Das übersteigt mein Vorstellungsvermögen. Bin nicht in der Lage, mich in die Erde einzufühlen, sie als Lebewesen zu akzeptieren.

Ich entferne die Vorstellung, die eine ausgewogene Beziehung zur Erde nicht zulässt.

Ich kann diese Vorstellung einfach nicht verändern. Meine Wahrnehmung ist begrenzt und kann sich nicht dahingehend ausdehnen, dass sich eine Beziehung zur Erde herstellen lässt.

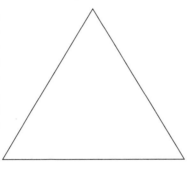

Orange – Gold – Weiß

Was kann ich tun? Ist es so wichtig, eine ausgewogene Beziehung zur Erde zu haben? Verstehe das noch nicht ganz. Weiß nicht, warum ich eine Beziehung zur Erde eingehen soll, sie akzeptieren sollte.

Ich bin bereit, mein Misstrauen in Bezug auf die Erde und ihre Energien jetzt loszulassen.

Was würde das schon bewirken? Mein Misstrauen ist insofern berechtigt, als ich die Erde in ihrer Wesenheit viel zu wenig kenne. Habe mit ihr noch nicht kommuniziert. Mein Leben ist geprägt von Misstrauen und Zweifeln, nicht nur der Erde, sondern auch mir selbst gegenüber.

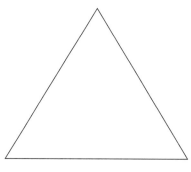

Blau – Gelb – Weiß

Wie könnte ich dann dieses Misstrauen abbauen? Es ist tagtäglich präsent und zeigt sich in den Taten, die auf der Erde geschehen, zum Beispiel in Erdbeben und Vulkanausbrüchen, mit denen die Erde uns Menschen Angst macht.

Ich bin bereit, ein tiefes Verständnis für die Erde und ihre Bedürfnisse zu entwickeln.

Warum sollte ich das tun? Inwieweit wäre es förderlich für mich und die Erde? Ich kenne doch nicht einmal meine eigenen Bedürfnisse genau. Wie kann ich dann erst ihre Bedürfnisse erkennen? Was würde sich schon ändern?

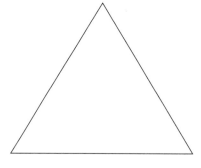

Gelb – Braun – Türkis

Sehe mich allein auf weiter Flur, wenn ich versuche, mit der Erde in Kontakt zu kommen, Verständnis zu zeigen für ihre Bedürfnisse. Es braucht doch weit mehr als nur eine Person, die das anstrebt, um auf diesem Planeten etwas zu verändern.

Ich bin bereit, einen Energieaustausch zwischen der Erde und mir zuzulassen.

Ich weiß nicht, ob ich das tun soll, würde ich nicht mit alten Energien aus früheren Inkarnationen in Verbindung kommen, die mich vielleicht überwältigen? Was würde es nützen?

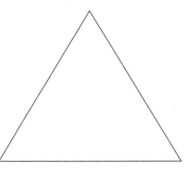

Gold – Blau – Weiß

Glaube nicht, dass ich dadurch in mir und auf der Erde etwas verändern würde. Kann nicht erkennen, dass dieser Energieaustausch bereits tagtäglich erfolgt, nur nicht bewusst, wie es weitaus nützlicher wäre für mich und die Erde.

Ich weiß tief in mir, dass die Erde ständig bemüht ist, mir in meiner spirituellen Entwicklung behilflich zu sein.

Das ist mir ganz und gar nicht bewusst. Spüre nichts davon. Kann mir nicht vorstellen, dass sie einen Betrag für meine spirituelle Entwicklung leisten könnte. Warum sollte die Erde das tun? Welchen Nutzen hat sie davon?

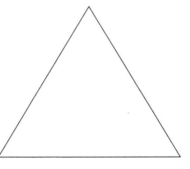

Blau – Grün – Gold

Kann nicht sehen, dass hier das Gesetz von Geben und Nehmen wirksam ist, dass ich eingebunden bin in dieses Gesetz, ein Teil davon bin. Dass es wichtig ist, einen energetischen Austausch zwischen mir und der Erde bewusst zu erleben.

Ich bin bereit, die Reiche der Erde als einen Teil der Schöpfung zu achten.

Das ist sehr schwierig für mich. Ich unterteile die Reiche nach bestimmten Wertigkeiten. Kann sie nur schwer als einen Teil der Schöpfung achten. Spreche den unterschiedlichen Bereichen der Reiche Bewusstsein und Intelligenz ab.

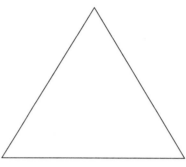

Grün – Rot – Weiß

Es ist notwendig, diese Reiche mit einzubeziehen, aber nicht zu eng. Sie sind ein Teil der Schöpfung – aber was haben sie genau mit mir zu tun? Bin mir dessen noch nicht schlüssig.

Ich lasse den Glauben fallen, dass Tiere und andere Lebewesen hier auf der Erde eine untergeordnete Position einnehmen.

Aber so ist es doch. Man kann doch ein Tier nicht mit einem Menschen vergleichen. Es ist doch etwas ganz anderes. Der Mensch ist doch die vollkommene Krönung der Schöpfung.

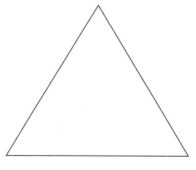

Orange – Rot – Gold

Andere Lebewesen haben eine andere Aufgabe, eine andere Rolle zu spielen. Muss sie doch einordnen in untergeordnete Kategorien. Kann sie niemals gleichsetzen mit den Menschen – das sind doch Welten, die hier dazwischen liegen!

Ich bin bereit, ein Miteinander mit allen Wesenheiten hier auf der Erde anzustreben.

Das wäre wunderbar, aber in der Realität ist das nicht umsetzbar. Es geht einfach nicht. Dieses Miteinander wird immer wieder von unterschiedlichen Vorstellungen gestört.

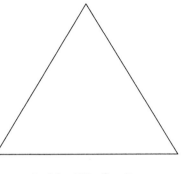

Gold – Weiß – Rot

Ich brauche mich nur in meinem persönlichen Umfeld umzusehen und sehe, dass nicht einmal hier in diesem kleinen Kreis ein Miteinander zustande kommen kann. Wie soll es dann auf der ganzen Welt geschehen? Glaube nicht daran, dass diese Zeit jemals kommen wird.

Ich erkenne, dass alles aus einem entstanden ist.

Das kann ich meinem Verstand nicht beibringen. Das übersteigt die Dimension meiner Vorstellung. Es ist so schwierig, mich damit zu identifizieren, mich als einen Teil des Ganzen zu sehen.

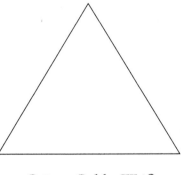

Grün – Gold – Weiß

Wenn alles aus einem entstanden ist, warum gibt es dann so unterschiedliche Formen und Qualitäten hier auf der Erde? Warum kann nicht alles in Harmonie zusammenleben? Warum gibt es dann Streit und Krieg, Gewalt und Macht? Es gibt so vieles, was dagegen spricht.

Ich verbinde Intellekt mit Intuition.

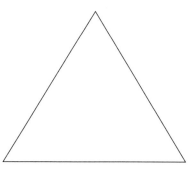

Das geht nicht. Mein Intellekt ist nicht bereit, die Intuition zuzulassen. Habe Angst davor, meiner Intuition zu folgen. Könnte dadurch Fehler begehen, nicht perfekt genug sein.

Muss alles, was mir die Intuition rät, von meinem Verstand überprüfen lassen, dahingehend, ob es förderlich ist oder nicht.

Blau – Weiß – Gold

Ich verlasse den Pfad des Suchens und begebe mich auf den Weg des Erlebens.

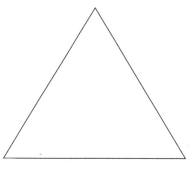

Wenn das so einfach wäre. Mein ganzes Leben ist ein einziges Suchen. Möchte gerne etwas in dieser Richtung verändern, einen Beweis haben, dass sich das Suchen gelohnt hat.

Es ist so schwierig, auf diesem Weg das zu erleben, was in meiner Vorstellung bereits existent ist. Glaube nicht, dass ich jetzt in der Lage bin, auf diesem Gebiet das zu erreichen, was ich mir vorgenommen habe. Muss noch weitersuchen, weiter in mich selbst eintauchen, um auf den Weg des Erlebens zu kommen.

Blau – Orange – Rosa

Ich bin bereit, mit meiner Seele bewusst Kontakt aufzunehmen.

Das möchte ich, aber ich sehe doch, dass es nicht funktioniert. Vielleicht mache ich einen Fehler.

Wie muss der bewusste Kontakt zur Seele aussehen? Was muss ich tun, um diesen Kontakt dauerhaft aufrecht zu erhalten? Es ist so schwierig, mich selbst als Einheit, als Seele zu akzeptieren.

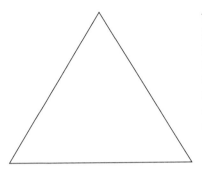

Gold – Violett – Silber

Ich lerne die Signale zu verstehen, die mir meine Seele sendet.

Das versuche ich andauernd, aber meistens verstehe ich diese Signale falsch oder lege sie falsch aus. Bin unsicher in Bezug auf den Kontakt mit meiner Seele.

Wer weiß, ob es wirklich Signale von ihr sind? Es können auch Gedanken sein, die von meinem Verstand sind, von meinem Ego geleitet werden. Muss erst lernen, das zu unterscheiden.

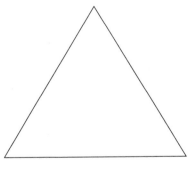

Grün – Orange – Gold

Ich öffne mich für die Weisheit und Liebe meiner Seele.

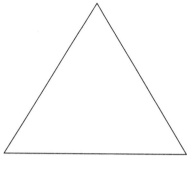

Grün – Orange – Türkis

Nichts lieber als das. Nur, meine Unsicherheit verhindert diese Öffnung in mir. Weiß nicht, wann meine Seele einen Kontakt zu mir sucht.

Es ist so schwierig, zwischen Intellekt und Intuition zu unterscheiden, zwischen den Signalen meiner Seele und dem, was aus meinen eigenen Gedanken kommt. Habe Angst, dass ich dann meinem Ego folge und die Signale der Seele nicht richtig verstehe.

Ich habe die Gewissheit, dass der bewusste Kontakt zu meiner Seele meine Wahrnehmung erweitert.

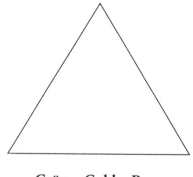

Grün – Gold – Rosa

Woher nehme ich diese Gewissheit? Ich kann doch nicht unterscheiden, wenn es um die Energie meiner Seele geht, ob sie wirklich da ist, inwieweit sie auf meinen Alltag einwirkt.

Es wäre wunderbar, wenn sich dadurch meine Wahrnehmung erweitern würde. Es würde mir sehr entgegenkommen. Strebe diese erweiterte Wahrnehmung an. Weiß nur nicht, wie ich die Seele als Unterstützung mit einbeziehen sollte. Es fehlt mir der bewusste Kontakt zu ihr.

Ich öffne mich für die Energie meiner Seele und erfahre Vertrauen und Liebe.

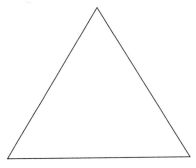

Rosa – Silber – Türkis

Das kann ich nicht glauben. Bin misstrauisch. Habe Angst, dass ich die Energie meiner Seele mit einer anderen Energie verwechseln könnte, die nicht so förderlich ist für mich.

Erfahrungen aus meiner Vergangenheit warnen mich davor, mich so ohne Weiteres für Energien von außen zu öffnen. Es könnte ein Fehler sein und verheerende Folgen für mich haben. Möchte nicht manipuliert werden.

Ich lasse mich von meiner Seele führen.

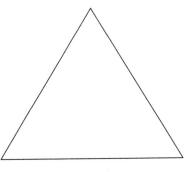

Orange – Weiß – Gold

Das würde ich zu gerne. Nur scheint es mir nicht zu gelingen. Habe den bewussten Kontakt zu meiner Seele verloren und bin noch nicht so weit, wieder mit ihr in dieser engen Beziehung zu stehen.

Was heißt es, mich von meiner Seele führen zu lassen? Das kann sowieso nicht funktionieren, solange der Unsicherheitsfaktor in mir tätig ist, der immer wieder Misstrauen zwischen mir und meiner Seele erzeugt.

**Ich entferne das Muster des Unwürdigseins
und sehe mich voller Klarheit als Seele.**

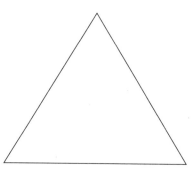

Das wäre zu schön, um wahr zu sein. Bin der Meinung, dass ich in meinem Leben noch sehr viel verändern muss, bevor das Muster des Unwürdigseins mich endgültig verlässt.

Kann mich noch nicht voll und ganz als Seele identifizieren. Das ist so lange der Fall, wie ich die Seele außerhalb von mir selbst sehe, solange ich nicht wirklich und wahrhaftig als vollkommene Seele hier auf diesem Planeten wirke.

Grün – Gold – Weiß

Ich finde die Vollkommenheit in mir.

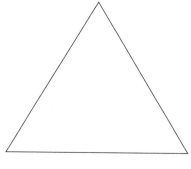

Das kann doch nicht funktionieren. Wo soll ich denn noch suchen? Habe doch schon so viel versucht.

Die Vollkommenheit in mir zu finden erscheint mir als unmöglich, denn ich bin die Unvollkommenheit in Person. Sehe doch, auf welche Muster und Vorstellungen ich immer noch hereinfalle. Kann nicht glauben, dass ich die Vollkommenheit in dieser Inkarnation in mir entwickeln könnte.

Blau – Gold – Weiß

Über 600 weitere Pattern, nach Themen geordnet, findest Du im »Pattern-Katalog« des Blaubeerwald-Institutes (s. Anhang).

Die Autoren und das Blaubeerwald-Institut

CHRISTINE UND MARTIN STRÜBIN leben und arbeiten seit über 25 Jahren mit den Lehrern der Geistigen Hierarchie zusammen, die auch »Aufgestiegene Meister« genannt werden. Als Seminarleiter, Heiler und Therapeuten sind sie international tätig und unterstützen die Heilung und Bewusstseinsentwicklung der Menschheit auf vielfältige Art und Weise.

In ihrem märchenhaften Zuhause, dem BLAUBEERWALD, leben sie ganz im Geiste Franz von Assisis sowohl mit vielen jüngeren Geschwistern aus dem Tier-, Pflanzen- und Mineralreich als auch mit Devas und Naturgeistern und den älteren Geschwistern der spirituellen Ebene zusammen. Sie leben dort als bodenständige Mittler zwischen den Naturreichen, aber auch zwischen den himmlischen Welten und Mutter Erde.

Es ist ihre Vision, dass die Menschheit endlich ihren rechtmäßigen Platz im Kosmos einnimmt und selbstverantwortlich ihr höchstes Bewusstsein auf der Erde verkörpert. In Liebe, Harmonie und Mitgefühl muss sich jeder Mensch seiner Aufgabe stellen und sein göttliches Potenzial dem Wohle des Ganzen zur Verfügung stellen. Im Bewusstsein der Einheit allen Lebens muss der Mensch die destruktive Dominanz über seine Mitwelt in allen Lebensbereichen ein für alle Mal beende und sich wieder der göttlichen ICH-BIN-Gegenwart hingeben, die sein eigentliches Wesen und sein wahrer Ursprung zugleich ist.

Zu diesem Zweck gründeten sie das BLAUBEERWALD-INSTITUT, welches ihrer Berufung den entsprechenden Rahmen bietet. In diesem können Interessierte, Suchende und Findende verschiedene heilsame Wege und altes Wissen erfahren:

Blaubeerwald-Reisen

»Dolfinim«	Heilsame Reisen zu den Delphinen am Roten Meer
»Hunab-Ku«	Mystische Reisen in die Hochkultur der Maya in Mexiko

Blaubeerwald-Seminare

»Channeling«	Spirituelle Ausbildung und seelisch-geistige Entfaltung
»Cantor Holistic Touch®«	Ganzheitliche Ausbildung in einer spirituellen Heilkunst
»Ahnen-Aufstellungen«	Astrologisches Familienstellen zur Karmaheilung

Blaubeerwald-Coaching

Astrologische Sitzungen, Maya-Kosmogramme, Aura-Readings, Radionische Quantec-Therapie, CHT- und Channeling-Sitzungen

Blaubeerwald-Versand

Produkte und Systeme rund um Heilung und Bewusstseinserweiterung (Monoatmische

Elemente, Chi-Master, Dr. Beck's Blutzapper & Magnetpulser, Alvito Wasser-Systeme, Horus Energiepyramiden, Aura-Systeme und anderes mehr).

Blaubeerwald-Verlag Schriften der Aufgestiegenen Meister zu verschiedenen Lebensthemen (Interview mit Vywamus, Botschaften der Aufgestiegenen Meister, die 7 kosmischen Strahlen, Erdenstern, Pattern-Katalog)

Christine Strübin
Zwischenwelten
Feuer und Flamme fürs Leben!
Autobiografie

Musik-Empfehlung:
Light Classic Psychophonic©

Joseph. M. Clearwater ist Schöpfer von ›Light Classic Psychophonic©‹. Seit über 20 Jahren komponiert er als Musik-Medium auf diese Weise. Seit vielen Jahren begleitet er in den Seminaren des Blaubeerwald-Instituts die Meditationen mit seiner Musik live und verstärkt und vertieft dadurch die Erlebnisse der Teilnehmer dynamisch. Dabei sammelte er wertvolle Erfahrungen über die Wirkung der Musik auf den Menschen und reifte zu einem einzigartigen Musik-Channel, der es meisterhaft versteht, spirituelle Energien mit gefühlvollen Kompositionen zu verbinden.

Die Kompositionen von ›Light Classic Psychophonic©‹ berühren in den Tiefen der Seele, bewirken dadurch eine ganzheitliche Heilung und haben ihren eigenen spirituell-energetischen Charakter, der weltweit einmalig in seiner Art ist.
Das Ergebnis ist eine Musik, die nicht nur berührt, sondern auch spirituell wirkt. Sie ist ideal zur Verwendung als Meditationsmusik oder begleitend zu Heilsitzungen und Behandlungen, zur Linderung von Krankheiten und psychischen Schwierigkeiten, auch als Hintergrundmusik in Praxen und vieles mehr. Besonders Kinder und Tiere reagieren sehr stark auf diese Musik.

Folgende ›Light Classic Psychophonic©‹-CDs sind erhältlich:

Die kosmischen 7 Strahlen (passend zum Buch)
Die Energien der Aufgestiegenen Meister
                                 Anloakan, Cantor, Christus, der Goldene, Djwahl Khul, Mutter Erde,

	Helios, Hilarion, Kuthumi, Kwan Yin, Lady Nada, Lao Tse, Lenduce, Meister Lin, Pallas Athene, Santa Kumara, Serapis Bey, St. Germain, Vywamus u. m.
Erzengel-Energien	Erzengel Gabriel, Michael, Uriel und Raphael
Chakra-Energien	Basischakra, Polaritätschakra, Solarplexus, Solarplexus & Emotionalkörper, Herzchakra, Kehlchakra, Drittes Auge, Kronenchakra, die 12 Chakren

Zudem bietet Dir Josef M. Clearwaters an, Deine individuelle SEELEN-MUSIK zu komponieren. Die Energie Deiner Seele in dreißig Minuten Musik nur für Dich komponiert und musikalisch umgesetzt. *Weltweit einzigartig!*

Mehr über den Blaubeerwald, »die zauberhafte Adresse für heilsame Wege und altes Wissen«, erfährst Du hier:
Blaubeerwald-Institut
Christine & Martin Strübin
Im Blaubeerwald
92439 Altenschwand
Tel: +49 9434 3029, Fax: +49 9434 2354
info@blaubeerwald.de
www.blaubeerwald.de
www.cantorholistictouch.de
www.aurasystem.de
www.monoatomischesgold.de